ALBERT EINSTEIN

ALBERT EINSTEIN

Por Roberto Mares

Grupo Editorial Tomo, S.A. de C.V.
Nicolás San Juan 1043
03100 México, D.F.

1a. edición, septiembre 2005.

Nicolás San Juan 1043, Col. Del Valle
03100 México, D.F.
Tels. 5575-6615, 5575-8701 y 5575-0186
Fax. 5575-6695
http://www.grupotomo.com.mx
ISBN: 970-775-124-X
Miembro de la Cámara Nacional
de la Industria Editorial No 2961

Proyecto: Roberto Mares
Diseño de Portada: Trilce Romero
Formación Tipográfica: Servicios Editoriales Aguirre, S.C.
Supervisor de producción: Leonardo Figueroa

Impreso en México - *Printed in Mexico*

Contenido

Prólogo

Albert Einstein es sin duda una de las personalidades que marcaron el siglo XX y le dieron ese tono revolucionario que ahora, en los inicios del XXI, podemos observar con una cierta distancia, como si ya fuese parte de la historia y no de la cotidianidad. Tal vez por ello, la figura de Einstein va tomando visos de leyenda y se maneja ahora como uno de los iconos más empleados para simbolizar los grandes cambios que se produjeron en el pasado siglo y que asumimos como la raíz inmediata del estado de la cultura actual, o como una herencia recién adjudicada, de la que no se ha hecho todavía el inventario completo.

Una parte importante de ese inventario cultural es la transformación de la ciencia física en un gran instrumento teórico, lo que ha cambiado radicalmente nuestros conceptos de la estructura de la materia, del movimiento, de la energía y del tiempo, lo que, por un lado, ha dado lugar a una reconsideración filosófica respecto de todo lo que existe, incluyendo al ser humano dentro de ese todo; y por otro lado es motivo de uno de los más grandes temores que se han producido jamás en la historia de la humanidad, que se deriva de la posibilidad realista y objetiva de que la tecnología que se ha derivado de esta nueva física, pudiera salirse de control y provocar la extinción de la vida en nuestro planeta.

A pesar del gran talento de Albert Einstein, sería injusto y simplista atribuirle en exclusiva tanto el mérito como la responsabilidad de esta revolución científica; él es como la punta de un "iceberg" que se puede ver con claridad, pues su capacidad de formalización, y su inteligencia creadora lo colocaron en esa posición; pero sus descubrimientos se encuentran sustentados en el trabajo de una gran cantidad de pensadores que fueron altamente significativos para la transformación de la ciencia física y que componen la masa de ese iceberg.

Sin embargo, la obra de Einstein fue notable, tanto por su profundidad como por su diversidad; a la manera de los hombres del Renacimiento, Einstein abrió el espectro de su pensamiento para transitar por varios caminos de investigación, a cual más intrincados y complejos. Einstein contribuyó a probar la existencia de átomos y moléculas, que hasta entonces no eran más que meras hipótesis; postuló la existencia del *fotón o quántum luminoso;* construyó la teoría especial de la relatividad, en particular la mecánica relativista; le dio forma a la relatividad general o teoría del campo gravitatorio y fue uno de los fundadores de la física cuántica. Sus aportaciones en cada una de estas áreas le hubieran valido un Premio Nobel, incluyendo el que se le hubiera podido otorgar por su contribución a la paz mundial.

Como se podrá ver en las páginas de este libro, Einstein fue más que un científico, fue también un filósofo y un humanista de primera línea. Su acendrado pacifismo lo llevó a oponerse a la Primera Guerra Mundial, combatió tanto el nazismo como el totalitarismo fascista y comunista; fue defensor del socialismo democrático y apoyó la causa del sionismo y la construcción del Estado de Israel. A la manera de Gandhi, propuso un modelo de "resistencia pasiva" para combatir la represión de la época de McCarthy. Se adhirió al movimiento de Russel por el desarme nuclear y la formación de un gobierno mundial. Einstein nunca perdió la confianza en el poder de la razón y en la posibilidad de crear un mundo de mayor justicia y equidad.

Roberto Mares

Infancia y primera juventud

Albert Eisntein nació en la ciudad alemana de Ulm, en una casa que ya no existe, pues sucumbió a los bombardeos que dieron fin a la Segunda Guerra Mundial. Antes del establecimiento del "Nacionalsocialismo" se había dado el nombre de *Einsteinstrasse* a la calle donde se encontraba aquella casa, pero el primer alcalde nazi de la ciudad de Ulm, el mismo día de su toma de posesión, decretó el cambio de nombre de dicha calle por el de *Fichtestresse,* en honor de Fichte, filósofo nacionalista alemán del siglo XVIII. Sin embargo, tras la derrota de los nazis se repuso el nombre de Einstein a la calle, mismo que lleva en nuestros días.

Albert Einstein nació en Ulm, pero al año de haber nacido, se mudó a Munich.

En realidad, Einstein pasó poco tiempo en Ulm. Un año después de su nacimiento, su familia se trasladó a Munich, ciudad mucho más importante y donde habían mayores oportunidades de trabajo. En esta ciudad, su padre, Hermann, y un hermano de él, Jakob, montaron una pequeña fábrica de material eléctrico.

La familia de Einstein, y en especial sus padres, Hermann y Pauline, eran típicos representantes del la clase media judía-alemana; él era un hombre de negocios liberal y de buen carácter; ella, una mujer dedicada a su hogar, al cuidado de sus hijos y ocasionalmente a tocar el piano, que era uno de sus pasatiempos favoritos. En Munich tuvieron como vecinos a la familia de Jakob Einstein. Vivían cerca de la fábrica, en dos casas unidas por un amplio jardín, donde se refugiaba el pequeño Albert, quien, al parecer, desde sus primeros tiempos tenía inclinación al aislamiento. Cuando el jardín se llenaba de niños que iban a jugar, él no participaba en esas actividades. En una carta escrita mucho más tarde por su hermana Maja, cuenta que Albert prefería los juegos que exigían paciencia y perseverancia, como levantar pesadas estructuras con ladrillos, o bien delicadas construcciones de naipes que llegaban a tener hasta catorce pisos. Desde niño, Albert manifestó una especial aversión a toda manifestación de poder o autoridad que no se fundamentara en la razón o la necesidad. Curiosamente, se mostraba molesto con los desfiles militares y toda expresión de poderío; con toda seguridad aquello desconcertaba a otros niños, pues los pequeños alemanes, influidos por sus propios padres y los escenarios militares, quedaban fascinados por los desfiles; pero a él le repugnaba la idea de marchar mecánicamente siguiendo el ritmo marcado por el tambor.

Es de notarse que su primera época escolar no fue en particular exitosa. En 1886, cuando tenía siete años, su madre se congratulaba de sus progresos en la escuela, haciendo notar que Albert había superado un cierto retraso inicial y que se había convertido en un buen alumno. Sin embargo, Einstein, ya adulto, se expresaba con amargura de su vida escolar, pues le molestaban los rígidos y repetitivos métodos de educación que eran la pauta en su tiempo. Esta molestia se recrudeció cuando, a los diez años de edad, abandonó la escuela elemental para ingresar en el Instituto Luitpold. En 1955 escribió: *Como alumno no fui muy bueno ni muy malo. Mi punto más débil era mi mala memoria, sobre todo cuando había que aprender palabras y textos... Sólo en matemáticas y física, y gracias a mi esfuerzo personal, me adelanté mucho al programa oficial de estudios. También podría decir lo mismo de la filosofía, en lo que al programa de estudios se refiere.*

Esto nos da algunas señas de su manera de aprender, que podríamos definir como original y esencialmente autodidacta. Otra pista de su evolución la encontramos en su afición a la música y su estudio del violín, sobre lo que el propio Einstein dice: *Recibí clases de violín entre los seis y los catorce años, pero no tuve suerte con mis profesores; para ellos la música se reducía a una práctica mecánica. Sólo comencé a aprender de verdad hacia los trece años, sobre todo después de enamorarme de las sonatas de Mozart. El deseo de reproducir, en cierta medida, su contenido artístico y su encanto singular me obligó a mejorar mi técnica. Lo conseguí gracias a dichas sonatas, sin necesidad de adiestramiento sistemático. En general, creo que el amor es mejor maestro que el sentido del deber; en mi caso, al menos, fue así.*

Como él señala, la parte lingüística de sus estudios le resultaba difícil; al parecer, su inteligencia tenía una marcada tendencia simbólica y abstracta, de ahí su inclinación al lenguaje matemático como una vía de conceptualización particularmente asequible para él. En este aspecto, encontró un gran apoyo en su tío Jakob, quien era ingeniero. Antes de que Albert estudiara de manera formal la geometría en la escuela, su tío le había hablado del teorema de Pitágoras: *la suma de los cuadrados de los catetos de un triángulo rectángulo es igual al cuadrado de la hipotenusa.* El pequeño Albert encontró por sí mismo la forma de demostrar el teorema, lo que llenó de satisfacción al tío y por supuesto a él mismo, tanto que desde entonces tuvo por las matemáticas un sentimiento similar al que le producía la música, como si se fuera configurando en él una forma de pensamiento que pudiera calificarse de "pitagórica", en tanto que se le presenta un entendimiento de la realidad que es de naturaleza intuitiva, pero que tiene una manera de formalizarse por medio de la noción de armonía o, como él mismo definiría después, como una "estética" que se encuentra presente en todo acto de conocimiento.

A partir de estos primeros contactos con el lenguaje matemático, y especialmente con la geometría, se convirtió en un ávido lector de libros de divulgación científica, los que leía, en sus propias palabras, con una "atención embelesada". Estos libros no llegaron a sus manos de manera accidental, se los proporcionaba Max Talmey, un estudiante de medicina que era amigo de la familia y dedicaba mucho tiempo a conversar sobre temas científicos con el niño. Cuando el propio Albert llegó a dar clases de matemáticas superiores y rebasó los conocimientos del improvisado maestro, éste orientó las conversaciones al terreno de la filosofía; de eso habla el propio Talmey: *Le recomendé que leyera a Kant; Albert sólo tenía trece años y, sin embargo, las obras de Kant, incomprensibles para la mayoría de los mortales, le parecían muy claras.*

Uno de los efectos de sus lecturas científicas y filosóficas fue que comenzó a darse en él un cuestionamiento sistemático de la religión de sus ancestros, pues la visión objetivista que ahora manejaba con precoz talento contrastaba con las creencias bíblicas. Al parecer, la pérdida de la tradición religiosa le produjo un fuerte conflicto emocional, pero lo manejó de la mejor manera que pudo, dada su inmadurez emocional, convirtiéndose en un escéptico recalcitrante, e incluso en un anarquista receloso de toda autoridad, lo que iba muy bien con su natural inclinación. Mucho tiempo después, decía: *Para castigarme por mi desprecio a la autoridad, el destino me convirtió a mí mismo en una autoridad.*

Pero este "antiautoritarismo", que sería la marca fundamental de su carácter, toda la vida le resultó de gran importancia; sin este sentimiento de profunda rebeldía no hubiera podido reunir la fuerza suficiente para poner en tela de juicio los modelos científicos tradicionales y con ello revolucionar la física.

Esta rebeldía religiosa fue particularmente conmovedora para Albert, y con toda seguridad fue una etapa de su vida llena de angustia, por lo que de manera paralela buscó otra forma de certeza, parecida a la fe; fue entonces cuando llegó a sus manos un pequeño libro de geometría euclidiana que Albert calificó de "santo", que consideró como su Biblia personal, dando a la geometría y a la matemática un carácter trascendentalista, muy parecido a la religión.

Tras unos años de prosperidad, la fábrica de Hermann y Jakob Einstein comenzó a tener problemas, tanto, que en 1894 tuvieron que cerrarla y ambas familias se trasladaron a Italia, pues pensaban rehacer sus negocios en Pavía, cerca de Milán. Este fue un cambio drástico para toda la familia, pero el padre decidió que Albert se quedara en Munich para terminar sus estudios en el Instituto.

De pronto, a los quince años, Albert se quedó solo en una ciudad que le parecía fría y más bien hostil; el Instituto no le proporcionaba el suficiente estímulo intelectual y sus relaciones con los compañeros no eran del todo satisfactorias a causa de su carácter retraído y de su tendencia a evitar todo roce innecesario, por lo que sus compañeros le apodaban *Biedermeier,* que significa "el bonachón". Esta sencillez de su carácter contrastaba con la aversión que le causaban los métodos rígidos de los maestros del Instituto... *Por mi parte, yo estaba deseando marcharme de aquel colegio e irme con mis padres a Italia, debido principalmente a sus métodos aburridos y mecánicos de enseñanza. Mi mala retentiva para las palabras me causó grandes dificultades, pero me parecía absurdo luchar para evitarlo. Preferí soportar todos los castigos antes que aprender maquinalmente y de memoria.*

A pesar de todo, la prudencia aconsejaba que Albert resistiera hasta los exámenes finales y obtuviera su diploma. Pero hay cosas más imperiosas que las normas y la prudencia. Su vida aislada y su insatisfacción escolar se convirtieron en una pesada carga y el viaje a Italia era una gran tentación, pues su familia le había contado la belleza y virtudes del ambiente, lo que era una exageración, pero provocaba en el joven la expectativa de liberarse de aquella sórdida manera de vivir. Así, pues, a los quince años, Albert decidió abandonar el Instituto. Esta decisión abrupta es una muestra del profundo malestar que padecía en ese tiempo, lo que se confirma con otros signos de aversión a su situación personal en Munich. Antes de la marcha de sus padres, él había decidido cambiar de nacionalidad; aunque en realidad era algo que no podía hacer, pues a su edad la ley no lo permitía; sin embargo, su decisión era firme y sus motivos profundos, como escribió en 1933: *La desmesurada mentalidad militar del Estado alemán no iba conmigo, a pesar de que todavía era un muchacho. Cuando mi padre se trasladó a Italia, dio algunos pasos, a petición mía, para que pudiera renunciar a mi nacionalidad alemana, pues quería hacerme ciudadano suizo.*

La salida del Instituto implicaba algunos riesgos y Albert procuró minimizarlos: consiguió del médico de la familia un certificado según el cual, por razones de salud, era necesario que Albert fuese a Italia a descansar y recuperarse con su familia. Asimismo, consiguió que su profesor de matemáticas escribiera una carta afirmando que la capacidad y los conocimientos matemáticos de su alumno eran tan amplios que equivalían a los de un universitario. Provisto de estos documentos Albert pudo abandonar su triste existencia en Munich y reunirse con su familia en Italia. El periodo siguiente fue uno de los más felices de su vida; no dejó que ninguna obligación escolar estropeara su libertad recién adquirida. Para bien o para mal, se dedicó al vagabundeo, tanto físico como mental, dando rienda suelta a su espíritu independiente y al estudio de las materias que tanto le gustaban. Con su amigo Otto Neustätter, hizo una excursión atravesando los Apeninos hasta llegar a Génova, donde tenía familiares. Este viaje por Italia fue tan gratificante que se convirtió en uno de los mejores recuerdos de su primera juventud.

Pero aquella manera despreocupada de vivir no podía durar mucho tiempo, y finalmente, el padre tuvo que llamar su atención acerca de la necesidad de retomar su preparación académica formal, pues su autodidactismo no lo habría de llevar a ningún lado.

Así, tras un glorioso año de libertad, en 1895, Albert presentó sus exámenes de admisión al Instituto Federal de Tecnología, en Zurich, dentro de la zona suiza de habla alemana. Su preparación en el área científica era excelente, pero deficiente en lo humanístico, por lo que reprobó el examen y fue rechazado. Aquello fue un duro golpe para él, aunque hubiera podido esperarlo, pues apenas rebasaba los dieciséis años, y la edad de ingreso eran los dieciocho. Sin embargo, este fracaso fue en realidad afortunado, pues su examen, en lo relativo a matemáticas y física, causó gran sorpresa en los profesores del instituto, tanto, que el director del mismo, Albin Herzog, lo instó para que siguiera sus estudios, recomendándolo en la Escuela Cantonal Suiza de la ciudad de Aargau.

En Aargau, Albert encontró un ambiente muy favorable, pues la escuela no era en absoluto represiva y los estudiantes tenían oportunidad de desarrollar su creatividad; además, tuvo la suerte de alojarse en la casa de uno de los profesores, Jost Winteler, donde se encontró como en familia. Su vínculo con los Winteler se fortalecería aún más, pues uno de los hijos de la familia se casaría con Maja, la hermana de Albert.

Tras un año de agradable vida social y fructíferos estudios, Albert obtuvo su diploma en Aargau y superando el problema de su edad, volvió a realizar el examen en el Instituto de Zurich, donde fue admitido en el otoño de 1896, aunque él ya no tenía la intención de hacerse ingeniero, lo que había sido su motivación anterior; seguramente influenciado por su mentor Jost Winteler, Albert pensaba que la docencia sería su futura profesión, siendo ésta más acorde con su independencia de carácter y su vocación científica. Con esta intención, se matriculó en los cursos destinados a la formación de profesores especializados en matemáticas y ciencias. Sus tíos de Génova le resolvieron el problema económico al concederle una pensión de cien francos al mes.

Sin embargo, la orientación libertaria y anárquica de Einstein seguía siendo la marca de su manera de estudiar, por lo que le resultaba sumamente difícil adaptarse a la normatividad académica del Politécnico. La mayor parte del tiempo lo pasaba solo, explorando por su cuenta el mundo de la ciencia, realizando experimentos y estudiando las obras de los grandes científicos y filósofos; algunas de estas obras las leía y comentaba con una compañera de origen servio llamada Milena Maric, la que más tarde sería su esposa.

Por supuesto, las clases le parecían en extremo abu-rridas, acudía a ellas lo menos que podía y no mostraba el menor entusiasmo por el estudio. Para su desgracia, en los cuatro años que duraba la carrera, había que presentar dos exámenes generales; en el primero de ellos estuvo a punto de reprobar, pero finalmente logró la mínima calificación aprobatoria, lo que, en términos formales, no hablaba muy bien de sú desempeño. En medio de estas peripecias escolares trabó amistad con Marcel Grossman, un estudiante brillante en matemáticas, quien desde el primer momento se había percatado del talento de Einstein. Grossman era un muchacho meticuloso, asistía a todas las clases y tomaba impecables apuntes, permitiendo que Einstein los consultara. Gracias a la ayuda de Grossman, él pudo aprobar los exámenes finales y obtener el título en 1900.

En Zurich, Einstein vivió frugalmente, no porque su pensión fuese insuficiente, sino porque durante todo el tiempo de sus estudios estuvo ahorrando lo más que pudo con objeto de pagar los gastos que suponía la adquisición de la nacionalidad suiza. Con ayuda de su padre, la solicitó en octubre de 1899, sometiéndose a un complicado procedimiento administrativo que terminó hasta febrero de 1901, fecha en que pasó a ser ciudadano de Zurich y por tanto nacional de Suiza. Einstein conservó esta nacionalidad toda la vida; aunque más tarde adquirió también la nacionalidad estadounidense.

Una vocación en marcha

Tras la obtención del título, Eisntein vivió una mala racha, al grado de que perdió en gran parte su entusiasmo por la ciencia, además de que su manifiesto desprecio por toda clase de autoridad le granjeó la enemistad de muchos de los profesores. Otro de los factores de peso en su malestar de aquellos tiempos fue la pérdida de la pensión de los tíos, misma que ya no era procedente al término de sus estudios. En estas condiciones su situación resultaba muy difícil, pues carecía de ingresos y nunca había tenido la experiencia de hacer algo práctico para ganarse la vida. Logró sobrevivir gracias a que fue encontrando diversos trabajos esporádicos, tales como realizar cálculos, enseñar en escuelas elementales o dar clases particulares.

A pesar de todo, poco a poco se fue restableciendo su ánimo y su amor a la ciencia. Mientras trabajaba como profesor particular en Zurich escribió un artículo sobre la capilaridad que se publicó en 1901, en la revista científica *Annalen der Physik*. Más tarde, Einstein declaró que ese artículo "no valía nada"; pero para entonces, y de ahí en adelante, su autoexigencia fue superlativa. De hecho, el joven Einstein había puesto sus esperanzas en este artículo, pretendiendo que con él se le abrieran los caminos para ejercer la docencia, lo que ocurrió de manera muy modesta, pues lo único que consiguió fue un puesto temporal como profesor interino de matemáticas en la Escuela Técnica de Winterthur. Estando ahí terminó un trabajo sobre termodinámica que presentó en la Universidad de Zurich con la intención de conseguir el doctorado. El trabajo causó polémica entre los profesores de la universidad y, en principio, no le fue aceptado como tesis doctoral.

Todavía era incierto el resultado de su intento de obtener el doctorado, cuando, el 2 de diciembre de 1901, se produjo una vacante en la oficina de patentes. Por insistencia de su amigo Marcel Grossman, Einstein solicitó el puesto, mismo que le fue concedido hasta junio de 1902, también por la intervención de Grossman. Así, pues, comenzó a trabajar como experto de tercera clase en la oficina suiza de patentes, con el modesto sueldo de 3,500 francos al año, y tenía al menos un trabajo estable al que pronto se adaptó, a pesar de que la función era muy inferior a lo que podía esperarse de su capacidad intelectual. Visto de otra manera, este trabajo representaba una ventaja para él, pues una labor tan sencilla le dejaba amplios espacios para el estudio y el desarrollo de sus ideas.

La amistad con Marcel Grossman fue extraordinariamente afortunada y significativa para Einstein. Cuando Grossman murió de esclerosis múltiple, en 1936, él escribió una carta de condolencia a la viuda, donde se destaca lo siguiente: *Me vienen a la memoria nuestros días de estudiantes en el Politécnico. Él era un estudiante modelo; yo, un desordenado soñador. Él se llevaba magníficamente con los profesores y lo entendía todo a la primera; yo era un joven reservado e insatisfecho, no demasiado bien visto. Pero nos hicimos muy buenos amigos y nuestras conversaciones casi semanales, mientras tomábamos café con hielo en el Metropol, figuran entre mis recuerdos más agradables. Luego, al terminar los estudios... de repente me vi abandonado por todos, sin saber qué camino elegir. Pero él siguió a mi lado, y gracias a él y a su padre conocí varios años después a Haller, el de la oficina de patentes. En cierta forma me salvó la vida; no porque de lo contrario hubiera muerto, sino porque habría visto atrofiado mi desarrollo intelectual.*

Poco tiempo después de su ingreso en la oficina de patentes, murió su padre, el 10 de octubre de 1902. Einstein quedó abrumado por una sensación de desconsuelo y no se sentía capaz de afrontar la pérdida. En una ocasión comentó que la noticia de la muerte de su padre había sido la conmoción más fuerte de toda su vida. Sin embargo, pudo encontrar en la ciencia una manera de superar esta melancolía paralizante, pues su mente estaba ocupada en ideas que hubieran podido parecer demasiado aventuradas en aquellos tiempos, pero que eran una avanzada de su pensamiento y una manera de llenar el vacío que había dejado su padre. En la oficina de patentes él podía realizar sus

La pérdida de su padre, el 10 de octubre de 1902, lo afectó terriblemente.

labores rutinarias con rapidez y eficiencia, con lo que se daba tiempo para el estudio y el cálculo, ocultando sus papeles personales cuando escuchaba pasos. Años más tarde, cuando era ya un personaje mundialmente famoso, decía que aquella simulación todavía le provocaba remordimientos de conciencia.

En 1903 contrajo matrimonio con Mileva Maric en el ritual de la Iglesia Ortodoxa Griega. De esta pareja nacieron dos hijos: el primero, Hans Albert, en 1904, y el segundo hasta 1910, llamado Eduard. Aparentemente, el matrimonio no fue muy feliz y terminó en el divorcio; sin embargo ambos conservaron siempre una relación cordial.

En 1902, Einstein terminó su tercer artículo científico, que como los dos anteriores, se publicó en la revista *Annalen der Physik*. En enero de 1903 escribió una carta que presenta un doble interés; iba dirigida a su amigo de los tiempos de Zurich, Michele Besso, quien se casó con la hija de quien fuera su maestro y protector Jost Winteler. En esta carta señala lo siguiente: *El lunes envié, por fin, mi trabajo, tras muchos cambios y correcciones. Ahora ha quedado completamente claro y sencillo. Estoy satisfecho con el resultado... Hace poco decidí hacerme profesor privado, suponiendo que pueda hacerlo, claro. Por otra parte, no tengo intención de conseguir el doctorado, que, en definitiva, no sirve para gran cosa y creo que no es más que una comedia aburrida.*

El cuarto trabajo de investigación fue aceptado también por la revista citada, y en 1904 entregó un quinto. Es probable que algunas de las solicitudes presentadas en la oficina de patentes, y que Einstein tenía que examinar, contuvieran modelos para lograr el "movimiento perpetuo", lo que en aquellos tiempos era todavía motivo de gran entusiasmo. Todo físico respetable sabía que en estos modelos tenía que haber una trampa, por lo menos así tenía que considerarlo por principio, aunque muchas veces era más que difícil de encontrar, pues era algo oculto incluso para el propio autor del proyecto. Sus artículos cuarto y quinto tocaban este tema desde el punto de vista de la teoría termodinámica, que afirma la imposibilidad de mantener un estado energético permanente, pues en todo proceso se produce una pérdida de energía, por lo que si ésta no es renovada, el movimiento no puede seguir, lo cual niega rotundamente el movimiento perpetuo. Formulada en términos técnicos, la segunda ley de la termodinámica contiene un concepto clave, que es el de la *entropía,* que revela la pérdida de energía inherente a cualquier fenómeno físico. Al parecer, en estos artículos, Einstein no tenía noticia de que este campo estaba ya siendo explorado por otros investigadores de alto nivel, como Bolzmann y Gibbs, lo que dice mucho de la autenticidad creativa de Einstein.

Albert Einstein contrajo matrimonio con Mileva Maric y tuvieron dos hijos Hans Albert y Eduard (en la foto).

Estos primeros trabajos representan el cimiento de la teoría que más tarde desarrollaría con amplitud, y tuvo que escribirlos en circunstancias nada fáciles, pues no disponía del tiempo y los recursos de los investigadores universitarios, además de que las bibliotecas que podía consultar carecían de material especializado. Estos primeros pasos del joven Einstein se consideran ahora en verdad extraordinarios.

La formalización de un sueño

Las ideas que se venían incubando en Einstein desde que era niño tomaron una forma asequible en 1905, que fue un año trascendente no sólo para él, sino para el mundo, pues sus propuestas significaron el inicio de una verdadera revolución en la física. A principios de este año publica un artículo que él mismo considera de gran importancia y en el que describe el fenómeno de la luminosidad. El planteamiento de su teoría pudiera parecer demasiado simple para el ego: si aplicamos calor a un trozo de hierro, éste se calienta; si aplicamos más calor se calienta más, y después de cierto tiempo comienza a presentar un color rojo pálido; si seguimos calentándolo, el brillo es cada vez mayor y va cambiado de color, volviéndose naranja, luego amarillo, y finalmente adquiere un deslumbrante tono blanco azulado. Este fenómeno, que parece una descripción elemental, presenta, sin embargo, un gran enigma. ¿Qué podrían hacer los científicos para elaborar una fórmula matemática que describiera el brillo a diferentes temperaturas?... Una posibilidad sería que los experimentadores midieran el brillo y su color e hicieran un gráfico de los resultados, con la esperanza de obtener una relación matemática que resultara evidente. Pero en este caso los resultados no serían satisfactorios; seguramente preferirían deducir la fórmula matemática a partir de lo que ya sabían respecto del comportamiento del calor, de la luz y la materia.

Pero, ¿qué es lo que ya sabían? Pensemos, por ejemplo, en la luz. En el siglo XVII, Newton expuso una teoría de la luz y del color que podía explicar todos los datos ópticos experimentales conocidos en su época. En términos generales, podríamos decir que entendía la luz como un flujo de partículas, cada una con una especie de pulsación cuya velocidad determinaba su color. El físico holandés Christiaan Huygens, contemporáneo suyo, había propuesto una teoría completamente distinta. Para él, la luz se propagaba no en forma de flujo de partículas, sino como una especie de onda rudimentaria. Como la teoría de las partículas podía explicar más fenómenos, acabó imponiéndose.

En el siglo XIX apareció una nueva teoría: un médico inglés, Thomas Young, encontró pruebas sorprendentes que parecían demostrar la teoría ondulatoria de la luz. En esencia, lo que afirma Young es que una luz que incide sobre otra luz puede producir oscuridad. Por ejemplo, si la luz que procede de una fuente diminuta atraviesa dos rendijas hechas en una pantalla, produce bandas de luz y de oscuridad al proyectarse en otra pantalla. ¿Cómo es posible que la luz, al sobreponerse a la luz, produzca bandas oscuras? La teoría de las partículas no podía dar una explicación a este fenómeno; pero en la teoría de las ondas, los lugares oscuros no representan ningún problema, pues se entienden como lugares en los que las ondas superpuestas se anulan porque van a contratiempo: una está en la cresta, mientras que la otra está en el valle, y viceversa. Young llamó a este fenómeno *interferencia;* las franjas de luz y oscuridad reciben el nombre de "franjas de interferencia". Young proponía una teoría ondulatoria de la luz sin esperar a tener explicaciones ondulatorias para todos los efectos físicos conocidos. Como suele ocurrir cuando se atacan a fondo las ideas establecidas, su obra fue objeto de amargas críticas. Pero doce años más tarde, Young encontró un brillante aliado en el físico francés Agustin Frenel, quien desarrolló por su lado la misma idea y encontró pruebas abrumadoras contra la teoría de las partículas. Las pruebas fueron acumulándose con tal rapidez que al cabo de una década la teoría de las partículas estaba ya en desuso. Al parecer, no había necesidad de dar el tiro de gracia a la teoría de las partículas; sin embargo los científicos decidieron hacer más experimentos. Uno de los más importantes fue el que se realizó midiendo la velocidad de la luz en el agua. Según Newton, la velocidad sería mayor que en el aire; según la teoría ondulatoria, sería menor, lo que fue ampliamente demostrado.

Pero esto no fue todo, desde un lugar inesperado vino una confirmación de la teoría ondulatoria de la luz. En 1819, el físico danés Hans Christian Orsted descubrió una relación específica entre electricidad y magnetismo. Demostró que la corriente eléctrica que atraviesa un cable afecta a una aguja magnética. Poco después, el físico francés André Marie Ampère analizó este efecto desde el punto de vista matemático y experimental, lo que le valió pasar a la historia como el padre del electromagnetismo.

Por su lado, el investigador inglés Michel Faraday estaba realizando importantes descubrimientos en el campo de la electricidad y el magnetismo. A pesar de que era un autodidacta y sin una gran preparación matemática, sus métodos revolucionaron la física. Ampère y otros habían concentrado su atención en un equipo visible —imanes, cables con corriente y cosas semejantes—, y en el número de centímetros que separaban a tales objetos. Con ello seguían la tradición de la acción a distancia, que se había desarrollado tras el enorme éxito de la mecánica y de la ley de gravitación de Newton. En cambio, Faraday consideraba que el equipo era secundario. Para él, los hechos físicos importantes se producían en el espacio circundante, lo que llamó *campo.* Mentalmente llenó ese "campo" de fuerzas que chocaban entre sí, lo que daba lugar a los efectos electromagnéticos observados. Aunque podía interpretar de esta manera sus experimentos, y hacerlos con extraordinaria precisión, los físicos partidarios de las matemáticas pensaban que sus conceptos eran demasiado ingenuos.

Pero algunos tomaron en serio la teoría del campo electromagnético, y entre ellos se encontraba el físico escocés James Clerk Maxwell, quien comprendió que el concepto del campo de Faraday tenía implícito un importante contenido matemático, por lo que dio por válida la teoría, uniéndola con otros conceptos suyos de naturaleza también intuitiva; por su cuenta fue interpretando el campo electromagnético como un modelo pseudomecánico de remolinos y cojinetes, entendido más como un apoyo intelectual provisional que como un concepto físico serio. Sin embargo, la intuición de Maxwell fue genial, tanto, que dentro de ese modelo, aparentemente primitivo, estaban los principios del electromagnetismo. Siguiendo esta línea de pensamiento, Maxwell elaboró una serie de ecuaciones del campo electromagnético de gran simetría y belleza. Como consecuencia matemática de esta simetría dedujo que debía haber ondas electromagnéticas, que dichas ondas se desplazaban a la velocidad de la luz y que poseían, entre otras propiedades, todas las que Young y Fresnel habían atribuido a sus ondas de luz para explicar el experimento. Más tarde declaró que las ondas de luz y las ondas electromagnéticas debían ser, en esencia, una y la misma cosa. A pesar de todo, la mencionada simetría parecía ir en contra de las probabilidades físicas, por lo que la teoría de Maxwell, a pesar de la admiración que provocó, no fue demasiado aceptada mientras él vivió; curiosamente, Maxwell murió en 1879, año del nacimiento de Einstein. En 1888 se confirmó la teoría de Maxwell, ese mismo año el físico alemán Heinrich Hertz produjo y detectó electromagnéticamente las ondas —por lo que ahora se llaman "hertzianas"— y demostró que el fenómeno se comportaba tal como lo había previsto Maxwell. En consecuencia, las ecuaciones de Maxwell recibieron la consideración que se merecían, y uno o dos años más tarde el propio Hertz declaró que la teoría ondulatoria era una certeza científica.

Las ondas luminosas son fenómenos electromagnéticos cuyas frecuencias, o velocidades de oscilación, están situadas dentro de un margen muy reducido. Los colores dependerían de las frecuencias. Fuera de este estrecho margen de frecuencias, la radiación electromagnética no es visible para el ojo humano. En frecuencias superiores están los que llamamos "rayos ultravioleta"; y todavía más arriba están los rayos "X" y los rayos gamma. En frecuencias más bajas están la radiación infrarroja y la radiación térmica, y en frecuencias aún inferiores, las ondas hertzianas. Esto constituye una notable unificación; las diversas radiaciones se consideran como miembros de una gran familia de fenómenos electromagnéticos, emparentados con la aguja magnética que tanto llamó la atención de Einstein a la edad de cinco años.

Centrándonos ahora en el fenómeno que investigó Einstein, el hierro incandescente tiene un calor interior, que

Einstein, abajo a la izquierda, con un grupo de colegas.

actualmente se considera como una vibración interna microscópica, y junto con la radiación, como una de las numerosas formas de energía. La historia del calor y el desarrollo de la ciencia de la termodinámica es larga y complicada, por lo que aquí nos limitaremos a señalar algunos estudios relevantes. Maxwell y Boltzmann habían desarrollado una teoría de los gases, según la cual éstos consistían en partículas que se entrechocan en un movimiento caótico, y la energía de este movimiento, como la energía de las vibraciones internas de los sólidos, sería calor. Este principio es la motivación de los primeros artículos de Einstein en 1900, mismos que tuvieron importantes repercusiones.

En octubre de 1900, el eminente físico alemán Max Planck escuchó ciertas noticias inquietantes. Al igual que otros científicos, desde hacía tiempo que intentaba explicar los detalles del resplandor de un "cuerpo negro" sometido al calor —el hierro caliente—. En años anteriores había podido deducir, partiendo de principios físicos, una fórmula que indicaba la magnitud de cada color que se producía en el resplandor. Esta fórmula de la radiación del cuerpo negro había sido expuesta por primera vez por el físico alemán Wilhelm Wien, quien recibiría el premio Nobel en 1911. La teoría parecía bien cimentada, pero algunos experimentos demostraron que, aunque era válida en las frecuencias superiores, no lo era en las más bajas; entonces Planck creó una nueva fórmula de la radiación de un cuerpo negro, la cual ha resistido la confrontación experimental hasta nuestros días. Planck había dado con la fórmula mediante un artículo matemático, por lo que luego tuvo que darse a la tarea de deducirla de principios físicos, lo que, en sus propias palabras, fue la tarea más intensa de su vida. Cuando aparentemente había dado con la solución, ésta se presentaba como una ruptura del orden de pensamiento lineal, pues para que su fórmula fuese válida, Planck tenía que suponer que las oscilaciones microscópicas no cambiaban la energía en forma progresiva, sino mediante "saltos"; Planck llamó a estos saltos *quanta.* Tuvo que suponer también que la proporción energía-frecuencia oscilatoria debía tener el mismo valor en cada uno de los saltos. Este valor recibe ahora el nombre de *constante de Planck,* y su teoría de los "quanta" constituye un fenómeno trascendental en la historia de la física. Sin embargo, el planteamiento resultaba poco asequible a la ideación y a la experimentación, por lo que, sin que se le haya refutado, permaneció en el olvido desde 1900 hasta 1905, cuando Einstein la retomó, y el 17 de marzo de 1905, tres días después de cumplir los veintisiete años y la fecha en que envió a *Annalen der Physik* el primero de sus cuatro artículos, éste comenzaba con una observación en apariencia sencilla, pero que llegaba al fondo del problema.

Einstein estaba convencido de la teoría ondulatoria aplicada a la luz; pero sabía también que había situaciones en las cuales fallaba, y propuso, audazmente, como hipótesis de trabajo, que la luz podía estar formada de partículas. Al proponer esta hipótesis no estaba especulando, él no se hubiera atrevido a expresar una idea tan escandalosa sin sólidos argumentos. Einstein se basó en la fórmula del cuerpo negro de Wien que, a pesar de ser incompleta, consideró válida para lo que él se proponía. De Wien citó una fórmula sobre la entropía de la radiación, comparándola con la fórmula del cuerpo negro del propio Wien; entonces Einstein demostró que la entropía de la radiación adquiría una forma matemática que era característica de un gas, y por lo tanto se difundía en forma de partículas. Luego, comparando esto de otra manera con la fórmula probabilística de Boltzmann, Einstein demostró que estas partículas de luz debían de ser de tal manera que la proporción energía-frecuencia tuviera precisamente el valor que Planck había utilizado para su teoría de los quanta.

Este planteamiento implicaba un profundo conocimiento de la física, pero además una notable intuición, explicando la teoría de Maxwell como una especie de "nebulosidad" que se producía al paso del tiempo, de la manera como una fotografía no sale nítida cuando el tiempo de exposición no es calculado con precisión. Pero él no podía negar la teoría de las ondas de Maxwell demostradas con toda claridad por Hertz, ni el experimento de la velocidad de la luz en el agua, ni tampoco los aspectos básicos de las pruebas en favor de la "interferencia", y en contra de la teoría de las partículas presentada por Young y Fresnel, casi un siglo antes de que Planck formulara su idea clave.

Hay un sorprendente paralelismo entre Young y Einstein. Cuando Young utilizó por primera vez sus argumentos sobre la interferencia —la luz que anulaba a la luz— frente a la teoría dominante, la de las partículas, sabía que no tenía la información suficiente para responder a todas las dificultades con que tropezaba la teoría ondulatoria; sin embargo no por ello dio marcha atrás, pues se daba cuenta de que la teoría de las partículas era vulnerable. Los acontecimientos posteriores justificaron ampliamente su audacia. Un siglo después, frente a la teoría ondulatoria dominante, Einstein también se mantuvo firme, pues sabía que en base a las nuevas pruebas obtenidas, Maxwell también era vulnerable.

Durante algún tiempo, Einstein dejó de lado los enormes problemas suscitados por los quanta de luz y se concentró en las posibles ventajas de su idea. Como él mismo demostró, esas ventajas eran notables, sobre todo porque se daban en lugares donde la luz se entremezclaba con la materia y donde la teoría de Maxwell resultaba inadecuada. Einstein demostró que sus quanta de luz podrían explicar un efecto muy conocido, relacionado con la fluorescencia, y además se podía explicar con ello un fenómeno que se observaba cuando la luz ultravioleta atravesaba los gases; pero, sobre todo, aplicó su idea a lo que posteriormente se conoció como *efecto fotoeléctrico,* que consiste en la liberación de los electrones en los metales gracias a la luz.

Este último aspecto es de particular importancia, pues tres años antes, el físico alemán Philipp Lenard había iniciado experimentos sobre el efecto fotoeléctrico; él insistió en que los resultados de su experimentación se contradecían claramente con lo que cabría esperar si se aplicaba la teoría de Maxwell. Por ejemplo, al aplicar la frecuencia de la luz aumentaba la energía de los electrones liberados, hecho que no tenía ningún sentido desde la perspectiva de Maxwell. Einstein demostró que la idea de los quanta de luz podría explicar con suma facilidad los sorprendentes resultados obtenidos por Lenard. Tomemos como ejemplo el efecto del cambio de frecuencia: proyectar la luz sobre el metal equivalía a arrojar sobre él un quanta de luz; como la proporción energía-frecuencia tenía un valor fijo, a mayor frecuencia mayor energía, y por tanto mayor sería el impacto producido por la luz sobre el electrón con el que chocara. No resultaba extraño que los electrones se desprendieran con mayor energía cuando aumentaba la frecuencia de la luz; los demás efectos extraños podrían explicarse con la misma facilidad, y Einstein consiguió deducir una fórmula fotoeléctrica muy sencilla, que resolvía el atolladero de Maxwell. Los resultados fotoeléctricos superaban con mucho lo que por entonces se sabía de manera experimental.

La teoría cuántica

Los físicos no recibieron de buena gana los artículos de Einstein; Planck y otros científicos de alto nivel encontraron muy pronto argumentos en contra de la teoría de los quanta de luz. Durante un periodo, Einstein siguió madurando la idea, hasta 1907, cuando demostró que la teoría cuántica podía explicar una amplia gama de fenómenos vibratorios, y dedujo la existencia de interrelaciones hasta ese momento insospechadas, que más tarde se verificaron experimentalmente. Como efecto de lo anterior,

Albert Einstein recibiendo un reconocimiento.

otros físicos comenzaron a tomar en serio la teoría cuántica y al aplicarla obtenían buenos resultados. Intentaron comprobar experimentalmente la fórmula fotoeléctrica de Einstein, pero los experimentos resultaban difíciles con el equipo de la época, y todavía en 1913 los resultados eran poco concluyentes. En este año, Planck y un selecto grupo de científicos tuvieron la oportunidad de expresar su opinión respecto del trabajo de Einstein, hablando en términos muy elogiosos de él, pero manifestando abiertamente sus reservas sobre la teoría de los quanta de luz. El investigador americano Robert Millikan, tras medir con precisión la carga energética del electrón, buscaba nuevos terrenos qué conquistar. Como correspondía a su personalidad, buscó con toda intención un problema en particular difícil y decidió estudiar el efecto fotoeléctrico. Estuvo trabajando diez años con el propósito de demostrar de una vez por todas que la teoría de Einstein no era demostrable experimentalmente; sin embargo, los resultados se presentaron de tal manera que la teoría de los quanta parecía viable como modelo de explicación, por lo que se puso en claro que, a pesar de los problemas de experimentación, los quanta de luz debían tomarse muy en serio, y que Einstein, ya en 1905, mientras estaba en la oficina de patentes, había logrado avances de gran magnitud. Desde entonces se habló del quanta como "partícula de luz", y se le llamó *fotón*.

De los cuatro artículos de 1905, el que parecía menos importante era el segundo. Eintein lo había enviado a la Universidad de Zurich como posible tesis doctoral, y Kleiner, que en 1901 había rechazado la tesis inicialmente propuesta por Einstein, rechazó también esta propuesta por considerarla demasiado breve. Einstein lo envió de nuevo agregando una sola frase, y entonces fue aceptado; de esta manera consiguió el doctorado en 1905.

La idea en que se basaba el artículo pudo ocurrírsele a Einstein tomando el té, pues si pensamos en el hecho de introducir un terrón de azúcar en el líquido, éste se disuelve y se extiende por el agua, con lo que el líquido se vuelve viscoso; si concebimos el agua como un fluido sin estructurar y las moléculas de azúcar como pequeñas esferas duras, al difundirse en el fluido le dan estructura aumentando la viscosidad. Pero aquí es donde viene la sorpresa: tras elaborar la teoría, Einstein averiguó las velocidades de difusión y las viscosidades de las soluciones de azúcar en el agua, introdujo esos números en sus ecuaciones y encontró, en primer lugar, lo que anunciaba en el título del trabajo, esto es: *Una nueva determinación del tamaño de las moléculas.* En el caso del azúcar, daba una anchura aproximada de la vigésima parte de la millonésima de una pulgada. Pero eso no era todo, encontró también un valor —de unos cien trillones— para lo que se conoce como el "número de Avogadro", que es el número de moléculas de un gas cualquiera en un volumen dado y en determinadas condiciones.

Sin embargo, no fue Einstein el primero en averiguar los valores de estas cantidades fundamentales. Ya se habían realizado ingeniosos cálculos, basados, por ejemplo, en las propiedades de los gases, pero nadie lo había hecho partiendo de las propiedades de las soluciones líquidas.

Es difícil reconocer el terreno de pensamiento en que se encontraban los físicos de aquella época, pues se trataba de interpretaciones que excedían el conocimiento académico, por lo que había que despertar una cierta capacidad heurística, es decir, un tipo de pensamiento "lateral", creativo e intuitivo. En este sentido encontramos una referencia interesante en las memorias de Maja, la hermana de Einstein, quien relata cómo Albert, en su juventud, disfrutaba fumando de una pipa de un metro de largo que le había regalado su padre: *Le encantaba observar las maravillosas formas que adquirían las nubes de humo y estudiar los movimientos de las partículas individuales de humo, así como la relación que había entre ellas.*

Quizá fue así como nació la inspiración para el artículo mencionado. Einstein volvía sobre la idea de las pequeñas esferas duras sumergidas en un líquido, pero esta vez haciendo que el líquido tuviera estructura molecular y las esferas fueran de grandes dimensiones, por lo menos visibles al microscopio, como las partículas de humo. Según la teoría de que el calor interno es energía motriz, las moléculas del líquido deberían estar en situación de violenta agitación y de continuos choques. En sus investigaciones anteriores Einstein había descubierto algo que coincidía a la perfección con uno de los resultados de Boltzmann: en una mezcla de sustancias estos choques son la causa de la energía de agitación, que se distribuía igualmente entre las moléculas, independientemente de las masas que tuvieran.

En cuanto a la distribución de la energía, Einstein pensó que las moléculas y las partículas estaban en condiciones de igualdad, aunque, por supuesto, había una diferencia. Todos sabemos, por ejemplo, que una bola de billar no tiene que moverse a la misma velocidad que una pelota de ping-pong para igualar su energía. Las partículas tendrían velocidades claramente inferiores a las de las moléculas del líquido. De hecho, la velocidad de una partícula sería comparable a la de la punta de un bolígrafo mientras se escribe. Pero el movimiento de las partículas no sería nada sencillo. Pensemos en una sola partícula en reposo, zarandeada por todas partes por otras moléculas, y como los golpes en los lados contrarios se equilibran en conjunto, podemos esperar que la partícula se mantenga más o menos en reposo. Pero, en este caso, se estaría olvidando la ley de la probabilidad. Einstein demostró que las fluctuaciones estadísticas, semejantes a las rachas de suerte al tirar los dados, producirían equilibrios lo suficientemente grandes como para dar a la partícula un movimiento intenso, irregular y en zigzag, visible al microscopio. Al carecer de datos numéricos, Einstein no podía estar seguro de que el movimiento que había previsto fuera el llamado *movimiento browniano,* que hubiera sido el que observara por primera vez el botánico escocés Robert Brown, en 1828. Pero estaba seguro de que si la teoría molecular del calor interno era válida, tenía que producirse tal movimiento; no sabía en ese entonces que en 1888 el físico francés M. Gouy había llegado ya a la conclusión de que el movimiento browniano era una forma de calor, y tampoco sabía que en 1906, por su propia cuenta, el físico polaco Marian von Smoluchowski expondría un punto de vista semejante.

El rápido movimiento en zig-zag de las partículas dificultaba la medición directa de las velocidades; en esas condiciones era difícil someter la teoría a una prueba cuantitativa rigurosa; pero Einstein encontró un nuevo método: hizo ver que, si se esperaba, los movimientos zigzagueantes se convertían en migraciones de diversas magnitudes. Señaló que este proceso migratorio era un proceso de difusión, tal como lo había estudiado en el caso del azúcar y el agua. Calculándolo de ambas maneras, tanto como desplazamiento zig-zag y como migración, comparó los resultados y de esa manera dedujo la fórmula que buscaba, con lo que identificó una especie de migración media, mensurable, relacionada con números vinculados a las velocidades de difusión y a la teoría de los gases. Si la teoría era correcta, el movimiento de agitación de las partículas sería calor, y las partículas tendrían que obedecer a las leyes del calor que dirigían los caóticos movimientos de las moléculas: las partículas demostrarían la teoría molecular del calor en una escala que, en efecto, pondría de manifiesto la evidencia de la misma hipótesis molecular. Experimentos posteriores no sólo confirmaron la validez de la ecuación de Einstein, sino que demostraron que una cantidad clave que dirigía el movimiento browniano tenía el mismo valor numérico que su equivalente en la teoría molecular de los gases. Esto tenía una importancia trascendental; el mismo Einstein lo explica en sus "Notas autobiográficas": *Mi objetivo principal era averiguar, en la medida de lo posible, la existencia de átomos de un tamaño finito definido. La verificación estadística del movimiento browniano, junto con la determinación, por Planck, del verdadero tamaño molecular a partir de la ley de la radiación, convencieron a los escépticos, que eran muchos por entonces, de la realidad de los átomos.*

La relatividad

En su famosa serie de artículos de 1905, Einstein esboza el planteamiento que lo haría pasar a la historia. En el artículo llamado *Sobre la electrodinámica de los cuerpos en movimiento,* se presenta la primera versión de la *teoría de la relatividad.* En una carta a su amigo Halbicht, él había dicho que el artículo no era todavía más que un borrador, y en verdad él lo había terminado en muy poco tiempo. El artículo llegó a *Annalen der Physik* el 30 de junio de 1905, sólo quince semanas después del trabajo que él mismo había calificado de "revolucionario", sobre los quanta de luz; durante ese periodo había realizado también la tesis doctoral y el artículo sobre el movimiento browniano, al mismo tiempo que se ganaba la vida en la oficina de patentes. No es de extrañar que se sintiera agotado cuando hubo terminado el artículo sobre la relatividad.

Con Platón y Aristóteles, el hombre había creído desde hacía mucho tiempo que los cielos estaban sometidos a reglas muy diferentes de las que regían la Tierra, y tenían razones para hacerlo: ¿no era cierto que la luna daba vueltas mientras que la manzana caía al suelo?

Las leyes de Newton eran breves y pocas: tres leyes del movimiento y una ley de la gravedad. Al formularlas, Newton tuvo que hablar de reposo y movimiento. Pero, ¿reposo y movimiento en relación con qué? Desde luego, no con una Tierra lanzada en el espacio. Newton estaba proponiendo leyes cósmicas, no sólo terrestres, y, gracias a su genio, comprendió que a las leyes del cosmos había que ponerles un marco cósmico.

En relación con "qué" concibió de manera audaz un *espacio absoluto* ilimitado y sin rasgos distintivos, inmóvil y nacido de la omnipresencia de Dios. Introdujo también la idea de un *tiempo absoluto,* que fluía uniformemente y que nacería de la duradera existencia de Dios. Con un espacio absoluto, inmóvil, podía hablar cósmicamente de reposo absoluto y de movimiento absoluto. Con tiempo absoluto constante, podía hablar de movimiento uniforme y no uniforme.

Si nos ponemos a pensar, veríamos fácilmente que hay en todo esto una especie de absurdo. ¿Nos parece que un espacio absoluto carente de rasgos especiales es un criterio razonable para determinar la posición y el movimiento? ¿No es cierto que un reloj, por muy irregular que sea, es siempre puntual en relación consigo mismo? ¿Cómo no va a ser uniforme el flujo del tiempo absoluto, si él es el único criterio para medir su flujo?... Sin embargo, debemos tomar en cuenta que los cimientos de la ciencia son siempre confusos. Newton no era un simplón, sabía perfectamente lo que estaba haciendo; tenía que empezar por algún lado, y su introducción del espacio y del tiempo absolutos fue la obra de un genio consumado. Es cierto que sus ideas fueron fuertemente atacadas por filósofos de la talla de Berkeley y Leibniz, pero estas objeciones se diluyeron rápidamente ante el peso de la verdad científica. El espacio y el tiempo absolutos se convirtieron en teoría aceptable en el pensamiento racional. En el siglo XIX, dos siglos después de su introducción, Ernst Mach volvió a criticar esta teoría, pero Newton era un perfecto constructor y su sistema tenía todo lo necesario para perdurar.

De las numerosas deducciones que Newton extrajo de sus leyes en sus *Principios,* debemos citar la quinta: *Los movimientos relativos de los cuerpos que se encuentran en un vehículo dado son los mismos tanto si el vehículo está en reposo como si está en movimiento uniforme.* Se podría objetar que, en un vehículo abierto, el pasaje y la velocidad del aire revelarían el movimiento del vehículo aun cuando este movimiento fuera uniforme; a esto podríamos responder diciendo que el vehículo debería carecer de ventanas y estar herméticamente cerrado. El paisaje que se mueve y la fuerza del aire sólo nos dicen cómo nos movemos en relación con ellos; Newton estaba hablando en el plano cósmico, sobre el reposo absoluto y el movimiento uniforme —también absoluto— en relación con el espacio que considera como un todo carente de signos distintivos. Imaginémonos que estamos dentro de un vehículo científicamente equipado y en movimiento absoluto en algún lugar del espacio absoluto. Nuestra misión consiste en responder en sentido absoluto a esta pregunta: ¿Cómo me muevo?

Nuestra primera idea es observar puntos de referencia, como la Luna, Júpiter o las estrellas. Pero, ¿de qué nos serviría?... Como la fuerza del aire y el cambio de paisaje en la Tierra, sólo nos pueden decir algo sobre movimientos relativos. Luego, quizá se nos ocurra hacer experimentos mecánicos dentro del vehículo para detectar su movimiento absoluto. Entonces es cuando comenzamos a vislumbrar la importancia de la quinta deducción de Newton. En ella se nos dice que estamos perdiendo el tiempo; los experimentos están condenados al fracaso. Si buscáramos *desviaciones* del movimiento absoluto y uniforme, podríamos salirnos fácilmente con la nuestra. Pero nuestro movimiento absoluto y uniforme es físicamente indetectable.

Así, pues, en la teoría de Newton no había compenetración entre la práctica y la teoría; en la práctica, ni el reposo ni el movimiento uniforme podían ser absolutos; las mismas leyes de Newton lo reconocían. Sin embargo, Newton había establecido sus leyes en el espacio y en el tiempo absolutos, lo que era una incongruencia en su teoría.

Cuando Young y Fresnel echaron por tierra su teoría de las partículas de luz, se dio un cambio en la situación. Si la luz se propaga en forma de onda, todo el universo visible estaría lleno de algo que transmite las ondas. Como señaló

Young, la experimentación óptica hacía pensar que este éter atravesaba libremente la materia. Si exceptuamos las rizadas ondas luminosas, podría considerarse que estaba en reposo absoluto. Así, pues, a pesar de la quinta deducción de Newton —que se refería a los dispositivos mecánicos— los experimentos ópticos podrían llegar a detectar el movimiento uniforme de un vehículo a través del éter, y este movimiento podría considerarse como absoluto. Los experimentadores se dieron cuenta de ello. Ya desde 1818 se realizaron ingeniosos experimentos ópticos para medir el movimiento absoluto de la Tierra: su movimiento en relación con el éter en reposo. Pero los resultados no coincidieron con lo que se había esperado, pues no se reveló ninguna señal de tal movimiento, lo que hacía impropia la hipótesis del éter.

Fresnel pudo explicar todos estos resultados negativos con una brillante suposición. Dijo que parte del éter quedaba atrapado dentro de la materia, aunque el resto la atravesara libremente. Pero había en ello una flagrante contradicción: cada color de luz necesitaría una cantidad distinta de éter retenido, lo cual es absurdo. Pero esto no empaña el brillo de la idea de Fresnel, más bien lo resalta, pues, como se comprobó mucho más tarde, estaba acercándose intuitivamente a algo que encajaba a la perfección dentro de la teoría de la relatividad, y que destronaba la explicación newtoniana.

Ahora debemos comentar los trabajos del teórico holandés Hendrik Antoon Lorentz, quien recibiría el Premio Nobel en 1902. En los últimos años del siglo XIX, Lorentz perfeccionó de manera considerable la teoría electromagnética de Maxwell y, al mismo tiempo, obtuvo la fórmula de Fresnel sin su contradicción interna y con el éter totalmente estacionario, exceptuando el caso de las ondas luminosas que lo atravesaban.

Todo parecía ya resuelto de no haber sido porque, en el último año de su vida, Maxwell había propuesto un nuevo método óptico para medir el movimiento de la Tierra a través del éter. Sin embargo, este método exigía una sensibilidad tan extraordinaria que llegó a convencerse de que no se podría poner en práctica; pero, por lo menos en teoría, hacía pasar a un segundo plano la fórmula de Fresnel, según la cual todo método óptico menos sensible estaba condenado al fracaso.

Pero Maxwell había sido demasiado pesimista; no había previsto la habilidad experimental del físico germano americano Albert Michelson, quien recibiría el Premio Nobel en 1907. En un intento previo realizado en 1881, aplicando con gran precisión las franjas de interferencias, Michelson demostró la viabilidad del experimento, y en 1887, junto con su colega, el químico E. W. Morley, lo realizó con gran precisión.

El experimento Michelson-Morley es bastante conocido; se buscaba la existencia de un efecto del movimiento de la Tierra sobre la velocidad de la luz, pero medida en la Tierra. Si ésta se mueve a través el éter inmóvil, correría por el laboratorio una especie de "viento de éter"; entonces se proyecta una luz en la dirección de la corriente hacia un espejo y se la hace volver. Los cálculos indican que el tiempo del trayecto será ligeramente superior al de un recorrido semejante en contra de la corriente. Y al medir las diferencias de los tiempos empleados por la luz en los recorridos de ida y vuelta en diferentes direcciones, se puede medir la velocidad del "viento de éter", y por tanto la velocidad de la Tierra a través del éter. El aparato tenía la precisión necesaria para realizar su cometido, pero Michelson tuvo que asumir su decepción, pues no se habían detectado diferencias en los tiempos. En adelante consideró el experimento como un fracaso, y hasta 1902 siguió pidiendo disculpas siempre que se hablaba de él.

Considerado como un intento de medir el movimiento absoluto de la Tierra, este experimento fue un auténtico fracaso. Pero este mismo fracaso constituyó su éxito. El resultado negativo del experimento de Michelson-Morley resultó desconcertante para las pocas personas que podían entender lo que ahí estaba en juego. Michelson había supuesto que el resultado negativo significaba que la Tierra transporta consigo su propio éter. Sin embargo, dado que había pruebas experimentales y razones teóricas que demostraban de manera abrumadora lo contrario, los científicos se encontraban ante un grave problema. Aparentemente, era lógico que existiera una corriente de éter, pero el caso era que esto no se manifestaba.

El físico irlandés G. F. Fitzgerald, y más tarde Lorentz, ofrecieron, independientemente, una explicación: los objetos se contraen en la dirección de su movimiento a través del éter, siendo esa contracción de la magnitud necesaria para anular el efecto del viento de éter en el experimento de Michelson-Morley. Cuanto mayor fuera la velocidad con que se atravesaba el éter, mayor debería ser la contracción. A la velocidad orbital de la Tierra, que es de unos treinta kilómetros por segundo, las longitudes se contraerían sólo una cienmillonésima parte. Pero a la velocidad de la luz, que es de 300,000 kilómetros por segundo, las longitudes deberían reducirse a cero.

En general, esta suposición *ad hoc* no suscitó demasiado entusiasmo. El gran matemático y filósofo francés Henri Poincaré expresó su disgusto ante aquella situación; en primer lugar criticó el planteamiento fragmentario: primero Fresnel, con su "éter retenido", que echaba por tierra los resultados nulos de los experimentos anteriores, menos elaborados, y ahora Fitzgerald y Lorentz, con su teoría, que echaba por tierra los resultados de los experimentos más interesantes. Pero, ¿qué ocurriría si los experimentos alcanzaran todavía mayor precisión y encontraran nuevos resultados inesperados?... ¿Habría que encontrar a toda prisa otras nuevas suposiciones debidamente acomodadas a la nueva situación? Espoleado por las críticas e incitaciones de Poincaré, Lorentz realizó el sistemático intento de conciliar las ecuaciones de Maxwell con los resultados negativos del experimento de Michelson-Morley y de otros experimentos ya realizados o que pudieran realizarse en el futuro. En 1904, tras grandes esfuerzos, había resuelto en lo esencial el problema matemático. No hace falta entrar en detalle y nos limitaremos a lo más elemental: el problema estaba en mantener intacta la forma de las ecuaciones de Maxwell al pasar de un vehículo que se encuentra en reposo en el éter, a otro que se mueve uniformemente en relación con él. Para lograrlo, Lorentz utilizó, entre otras cosas, longitudes contraídas; pero no consiguió plenamente conservar la forma de las ecuaciones de Maxwell.

Mientras tanto, Poincaré había realizado interesantes precisiones. Por ejemplo, en 1895, habló de manera provisional, y a partir de 1899, con mayor confianza, de lo que en 1904 llamó *principio de relatividad,* que decía, fundamentalmente, lo mismo que había afirmado la quinta deducción de Newton: que no podemos determinar el reposo absoluto ni el movimiento uniforme. Pero Poincaré que lo interpretaba teniendo presente la teoría de Maxwell, se dio cuenta, con sorprendente precisión, de que era necesario cambiar radicalmente la teoría de Newton. Diseminadas en la gran obra de Poincaré se encuentran sorprendentes premoniciones de las ideas y resultados de la teoría de la relatividad.

En junio de 1905, casi al mismo tiempo que Einstein, Poincaré envió a diversas revistas científicas dos artículos titulados *Sobre la dinámica del electrón,* que se basaban en gran parte en un artículo escrito por Lorentz en 1904. El primero no era más que una breve nota que tenía el propósito de eliminar un defecto del artículo de Lorentz, y en él se aludía a lo que Poincaré desarrolló con gran detalle matemático en su segundo artículo.

Con toda seguridad Einstein no sabía nada de los artículos de Poincaré, pues no se habían publicado aún cuando escribió el suyo, y tampoco conocía el artículo de Lorentz de 1904. En realidad, el método de Einstein es muy diferente;

además consiguió las trasposición de las ecuaciones de Maxwell sin el menor fallo.

Prácticamente todas las fórmulas matemáticas básicas del artículo de Einstein de 1905 sobre la relatividad aparecen en el artículo de 1904 de Lorentz y en los dos de Poincaré, ambos fechados en 1905. La presencia de fórmulas casi idénticas era inevitable, pues la relatividad tiene una estrecha conexión matemática con las ecuaciones de Maxwell y con las matemáticas de la propagación ondulatoria. De hecho, la transformación matemática esencial de la relatividad se basa en una fórmula que Poincaré bautizó en 1905 con el nombre de *Transformación de Lorentz,* y había sido descubierta ya por el físico irlandés Joseph Larmor, en 1898, tomado las ecuaciones de Maxwell. Una "trasformación" casi idéntica había sido descubierta por el físico alemán Waldemar Voigt, en un estudio del movimiento ondulatorio realizado en 1887, año del experimento Michelson-Morley.

Cabe señalar todo esto pues las semejanzas matemáticas han llevado a muchas personas a creer que la aportación de Einstein fue sólo marginal, lo que es erróneo. Pero para ser justos, tenemos que añadir que en las obras escritas por Poincaré se encuentran muchas ideas que, vistas retrospectivamente, hacen que nos preguntemos por qué no llegó a dar el paso decisivo que lo hubiese llevado a la teoría de la relatividad cuando se encontraba tan cerca.

Tras estos largos preliminares, estamos ya preparados para abordar el trabajo de Einstein de 1905, en el que estudiaba la electrodinámica de los cuerpos en movimiento. Impresionado por la fuerza irresistible de las leyes de la termodinámica, que afirman la imposibilidad de que haya máquinas dotadas de movimiento perpetuo, Einstein buscó un principio de imposibilidad comparable. Pero la verdadera clave de la teoría de la relatividad se le presentó de forma inesperada, tras varios años de incubación. El hecho se produjo una mañana al despertarse y levantarse de la cama. De repente, las piezas del gigantesco rompecabezas parecieron encajar con una facilidad que lo llenó de alegría y confianza; pero también tenía confianza en su trabajo, todavía más especulativo, sobre los quanta de luz, con sus imprevistas piezas de lo que parecía un rompecabezas todavía más extraño y contradictorio.

En el artículo de 1905 sobre la relatividad, Einstein no menciona para nada el experimento de Michelson-Morley, tal vez porque no le hizo falta utilizarlo para su argumentación. Además, pasa por alto la afirmación, hecha en su trabajo de sólo unas semanas antes, de que la luz debe estar formada por quanta. Al igual que en dicho artículo, comienza señalando un conflicto que llega hasta el fondo del problema: la teoría de Maxwell establece distinciones injustificadas entre reposo y movimiento. Einstein pone un ejemplo: Cuando se cruzan un imán y una bobina de cable conductor, aparece en el cable una corriente eléctrica; supongamos que el imán se mueve y el cable está en reposo; en este caso, la teoría electromagnética de Maxwell sigue ofreciendo una explicación excelente, pero muy distinta de la primera, aun cuando las corrientes calculadas fueran iguales. Sin decirlo abiertamente, Einstein refuta las ideas de reposo y movimiento de Maxwell mencionando "los intentos fallidos de descubrir algún movimiento de la Tierra en relación con el éter". Luego formula un "postulado de imposibilidad", según el cual no hay experimento posible que pueda detectar el reposo absoluto ni el movimiento uniforme; la quinta deducción de Newton es válida para toda la física. A la vista de las pruebas, este postulado, que él denomina *principio de relatividad,* es totalmente creíble. Einstein añade a continuación un segundo principio, que parece por lo menos tan plausible como el anterior, y con esta doble y hábil jugada, prepara el terreno para la revolución científica.

El segundo principio afirma que en un espacio vacío la luz se desplaza con una velocidad determinada que no depende del movimiento de su fuente. Esta afirmación pudiera sorprendernos, pues si pensamos que la luz está formada por partículas, deberíamos decir que las velocidades de éstas dependen de la forma en que se muevan sus fuentes. Pero, desde el punto de vista de la teoría ondulatoria de la luz, el segundo principio de Einstein tiene toda la apariencia de ser una ingenuidad. Independientemente de cómo se haya originado una onda luminosa, una vez que ya está en marcha es transportada por el éter a la velocidad normal en que se propagan las ondas en dicho medio. Si el asunto es tan obvio, ¿por qué lo convierte Einstein en un principio?; porque en un párrafo anterior de su artículo dice que la introducción del éter sería "superflua". Su segundo principio, por tanto, extrae de la noción del éter un dato esencial. Inmediatamente después de exponer su teoría cuántica de que la luz debe estar formada, en cierta manera, por partículas, propone como segundo principio de su teoría de la relatividad algo específico de la teoría ondulatoria de la luz, a pesar de declarar que la teoría del éter es superflua.

Así, pues, tenemos dos principios elementales, ambos de una evidencia que linda con la trivialidad. ¿Dónde está lo revolucionario del asunto?

En su artículo, Einstein dice que estos dos principios son irreconciliables sólo en apariencia. Para comprender esta apariencia imaginemos dos vehículos semejantes y bien equipados, con un movimiento uniforme, que se mueven en algún lugar del espacio donde no se ven afectados por influencias externas. Los vehículos tienen un movimiento relativo uniforme, por ejemplo, 10,000 kilómetros por segundo. En el centro de cada vehículo hay una lámpara; cuando se encuentran frente a frente, encenderán sus lámparas un instante, enviando así señales luminosas hacia la izquierda y hacia la derecha. De acuerdo con el segundo principio de Einstein, las velocidades de las señales luminosas no dependen de la velocidad de sus fuentes, y los tiempos en que las señales luminosas serían percibidas en uno y otro vehículos sería diferente, lo que no es solamente una diferencia de puntos de vista de los observadores, sino un rasgo característico del propio tiempo, esto es, el tiempo no es una constante absoluta, sino relativa al movimiento.

Ante nuestros ojos se desploma la concepción newtoniana basada en el sentido común, de un tiempo absoluto, que permitiría la simultaneidad universal. El tiempo, según Einstein es de tal naturaleza que la simultaneidad de los hechos independientes es relativa, lo que modifica sustancialmente toda la estructura lógica de la física hasta ese momento. Tomemos como ejemplo la longitud, un aspecto fundamental de la física teórica. Imaginemos una barra en movimiento que pasa por delante de los citados vehículos; uno y otro miden su longitud mientras pasa, anotando las posiciones de sus extremos en un momento determinado y en condiciones de aparente simultaneidad; el resultado serían medidas diferentes, pues la simultaneidad es relativa, lo mismo que la distancia y el tiempo. La velocidad, la aceleración, la fuerza, la energía y toda clase de mediciones físicas dependen de la consideración de un tiempo uniforme, absoluto e universal, si el tiempo es también relativo al punto de vista de un observador, todas las nociones físicas tienen que ser revisadas.

¿Qué ocurre con la relación entre las mediciones del tiempo y del espacio efectuadas por dos observadores situados en vehículos que se encuentran en movimiento relativo uniforme? Para explicar esto, Einstein buscó la relación matemática más sencilla que se pudiera deducir de los principios por él expresados. Extrajo de estos principios nada menos que la transformación de Lorentz, de la que es muy poco probable que hubiera tenido conocimiento anteriormente. Utilizando esta transformación hizo nuevas deducciones. Sus dos principios pudieran parecer inofensivos en un primer acercamiento, pero sus consecuencias lógicas llegan a transgredir el sentido común, en cuanto a que la medición del tiempo en el reloj de un observador es distinta de la que hiciera otro en condiciones de aparente simultaneidad.

La noción de la relatividad en el orden del tiempo había sido ya vislumbrada por muchos científicos de la época. Poincaré mismo había tocado este principio en su artículo de 1905, demostrando un dominio extraordinario de la teoría de la relatividad. Llevaba muchos años insistiendo en la naturaleza puramente convencional de los conceptos físicos. Sin embargo, cuando llegaba el momento de dar el paso decisivo, le faltaba decisión y prefería recurrir a los modelos tradicionales de pensamiento, sobre todo respecto de las ideas consagradas del espacio y del tiempo.

Al realizar este cambio revolucionario, Einstein se vio influido por las ideas de Mach, cuyo libro de crítica a la mecánica newtoniana había leído en sus días de estudiante. Mach había manifestado un profundo escepticismo ante conceptos como el espacio absoluto y el tiempo absoluto, e incluso ante la teoría de los átomos. En términos generales veía en la ciencia una especie de catálogo ordenado de datos que debían ser reordenados mediante procedimientos específicos. El tratamiento de la simultaneidad, desde el punto de vista de la sincronía, demuestra la influencia de Mach en Einstein, quien también fue tomado muy en cuenta por otros físicos de alto nivel; pero fue Einstein quien concluyó el procedimiento específico al que aludía Mach y por eso logró dar el paso decisivo.

Una vez establecido el principio de relatividad, desarrolla la argumentación matemática del fenómeno. Einstein demuestra cómo, con las nuevas ideas del tiempo y el espacio, las ecuaciones de Maxwell son conforme al principio de la relatividad, aun cuando estas ideas se basen en una explicación mecánica newtoniana. Por ejemplo, cuanto mayor sea la velocidad con que se mueve un objeto en relación con un experimentador, mayor será su masa con relación a él. Como es habitual, Einstein llega a hacer una predicción que se puede comprobar experimentalmente. Presenta fórmulas sobre el movimiento de los electrones en un campo electromagnético, teniendo en cuenta los aumentos relativos de sus masas al aumentar sus velocidades con relación al observador. Siguiendo un camino distinto, Lorentz había hecho una predicción esencialmente idéntica en 1904, y la había comparado de modo favorable con los resultados ya obtenidos por un experimentador. No debemos sorprendernos por la equivalencia de las fórmulas, ya que, como hemos dicho, Lorentz y Einstein tenían antecedentes maxwelianos. Pero entre estos dos hombres hay una diferencia que conviene señalar. En 1906, el mismo experimentador, al publicar sus nuevas mediciones, las declaraba categóricamente incompatibles con la predicción de Lorentz y Einstein, y compatibles con algunas teorías rivales. Lorentz se desanimó, mientras que Einstein siguió sus estudios como si nada hubiera pasado, pues contemplaba las teorías opuestas con cierta desaprobación estética, lo que lo invitaba a considerar la posibilidad de que el experimentador se hubiera equivocado. Posteriormente, mediciones realizadas por otros investigadores demostraron que Einstein tenía razón.

Como ya se ha hecho notar, el año 1905 fue notable para Einstein y para la física, a partir de los artículos mencionados; pero para él no era suficiente. A finales de septiembre, tres meses después del artículo sobre la relatividad, envió a *Annelen del Physik* otro artículo, que se publicó en noviembre, el cual no tenía más que tres páginas. En este trabajo, Einstein demuestra mediante ecuaciones que si un cuerpo libera una cantidad E de energía, en forma de luz, su masa disminuye en la proporción E/c^2.

Con su sentido innato de la unidad cósmica, Einstein realiza ahora una observación penetrante y de importancia fundamental: el hecho de que la energía esté en forma de luz no supone, evidentemente, ninguna diferencia. Luego enuncia una ley general en el sentido de que si un cuerpo libera o recibe una cantidad E de energía de cualquier clase, pierde o gana una cantidad de masa E/c^2. Según esta fórmula, dada la inmensidad de c, si un foco eléctrico emitiera una luz con una intensidad de 100 watios durante cien años, desprendería en ese tiempo una energía cuya masa total sería menos de una centésima parte de un miligramo. Pero el radio, debido a su especial actividad, desprende cantidades de energía relativamente elevadas, por lo que Einstein insinuó la posibilidad de comprobar su teoría utilizando el radio.

En este artículo, Einstein decía que toda la energía, de cualquier clase, tiene masa. Pero hasta un hombre como él tardó dos años en llegar a la formidable conclusión de que lo recíproco tenía que ser también cierto; esto es, que toda masa, de cualquier clase, debe tener energía. Lo que lo impulsó a ello fueron razones estéticas. ¿Por qué establecer una relación tan clara entre la masa que tiene ya un objeto y la masa que pierde al despedir energía? Esto equivale a imaginar dos tipos de masa, sin ninguna razón seria, cuando con una podría bastar; la distinción iba contra todo sentido estético y no tenía defensa lógica posible, por consiguiente, la masa debe tener energía.

Tras establecer la equivalencia entre masa y energía, Einstein, en un artículo largo y de carácter principalmente expositivo, publicado en 1907, en el *Jahrbuch der Radioactivität*, pudo descubrir su famosa propuesta: $E=mc^2$

Así pasó el fabuloso año 1905; sin embargo, el 1° de abril de 1906, Einstein tuvo otro triunfo, infinitamente más modesto para la historia, pero importante para él: en la oficina de patentes fue ascendido a la categoría de ingeniero técnico de segunda clase.

El mundo académico

Hay casos en los que una revolución consigue adeptos con rapidez. El artículo de Einstein sobre la relatividad, recibido en *Annalen der Physik* a finales de junio de 1905, se publicó el 26 de septiembre. Ya a comienzos de noviembre de 1905, un científico de gran talla expresó su opinión favorable, éste fue nada menos que Max Planck, quien expuso su acuerdo con Einstein en el Coloquio de Física de Berlín. Pero eso no fue todo, inmediatamente comenzó a desarrollar la teoría, publicando en 1906 y 1907 varios trabajos sobre la relatividad en los que hacía referencia a Einstein, manifestándole su reconocimiento. Además, utilizó su gran influencia para convencer a otros científicos de que estudiaran las nuevas ideas. Mantuvo estrecho contacto con Einstein por correspondencia, en la que lo trataba de igual a igual, como se puede ver en esta carta, fechada el 6 de julio de 1907: *Mr. Becherer, cuyos experimentos confirman claramente la relatividad, me ha manifestado su total oposición a mi última investigación sobre relatividad. Por eso me resulta mucho más consolador saber que, de momento, usted no es de su misma opinión. Mientras los partidarios del principio de relatividad sean un grupo reducido, como en la actualidad, es muy importante que estén de acuerdo entre sí... Es probable que el año próximo vaya al Oberland de Berna. Todavía falta mucho tiempo, pero me alegra pensar que quizá tenga entonces el placer de conocerle personalmente.*

Por su lado, Loretz no se encontraba demasiado a gusto con las ideas revolucionarias de Einstein sobre el tiempo y el espacio. Aun cuando años más tarde las alababa, le resultaba muy difícil ocultar su pesar por la pérdida de la idea del éter inmóvil. En cuanto a Poincaré, es difícil saber si llegó a darse cuenta con toda conciencia de la naturaleza transformadora de los conceptos relativistas de Einstein. Cuando escribe sobre la relatividad, Poincaré no menciona a Einstein, lo que está bien compensado, pues Einstein tampoco menciona nunca a Poincaré, aunque ambos tuvieron muchas oportunidades de hacerlo.

El ayudante de Planck, Max von Laue, escribió a Einstein solicitando verlo en Berna en el verano de 1906. Aunque las informaciones son escasas, parece que Von Laue había dado por hecho que Einstein estaba en la universidad de Berna. Desde luego, Von Laue se quedó sorprendido al descubrir que el hombre que había concebido aquellas ideas sobre el tiempo y el espacio, que tanto habían impresionado a Planck, fuera el empleado de aspecto inofensivo y en mangas de camisa a quien no se había detenido a mirar cuando fue a buscar a Einstein en la oficina de patentes; su entrevista fue el principio de una larga amistad. Von Laue, quien conseguiría más adelante el Premio Nobel, fue el primero en escribir un importante libro técnico sobre la relatividad, mismo que apareció en 1911.

Mientras tanto, sin esperar que se produjera la aceptación generalizada de su obra, Einstein siguió realizando trabajos de investigación, en los que desarrollaba sus ideas sobre los quanta, el movimiento browniano y la relatividad; estos trabajos aparecieron en 1906, y en 1907 completó la formulación de la equivalencia entre la masa y la energía, resumido en su conocida fórmula $E=mc^2$. En este artículo daba el primer paso que habría de llevarlo algunos años después a la teoría general de la relatividad, una de las obras maestras de la ciencia; sólo por esto, el año 1907 sería memorable; pero hubo más. Por ejemplo, Einstein encontró un nuevo e importante aliado en el matemático ruso germano Hermann Minkowski, catedrático de la famosa universidad de Gotinga, en Alemania. En diciembre de 1907 Minkowski expuso en dicha universidad una importante aportación a la teoría de la relatividad.

Pero no todos los comentarios sobre la relatividad fueron entusiastas; incluso los físicos que la aceptaban tenían problemas para explicar las nuevas ideas de tiempo y espacio. Al difundirse lo que había propuesto Einstein, se produjo una corriente general de rechazo en los ámbitos académicos, pero no sucedió así en las altas elites de la ciencia en ese tiempo, por lo que Einstein comenzó a disfrutar de cierta fama entre los científicos. Einstein seguía en Berna, y desde hacía tiempo comenzaba a dar muestras del agotamiento que le causaba la intensa actividad de investigación, aunada a sus ocho horas de trabajo en la oficina de patentes. A finales de 1907, algunas circunstancias favorables lo llevaron a pensar de nuevo en hacerse profesor, empezando como docente privado, con la esperanza de conseguir, con el tiempo, una cátedra. Como primer paso para obtener el grado de profesor, Einstein envió a la Universidad de Berna su artículo de 1905 sobre la relatividad. Las autoridades consideraron dicho artículo como un galimatías incomprensible y rechazaron la solicitud de Einstein.

Contrariado por este rechazo, el 3 de enero de 1908 escribió a su amigo Marcel Grossman, quien, a pesar de su juventud, era ya profesor de matemáticas en el Politécnico de Zurich. Entre otras cosas decía: *Aunque quizá te parezca ridículo, quiero pedirte consejo sobre un asunto práctico. Tengo mucho interés en lanzarme a la conquista de un puesto de profesor en la Escuela Técnica de Winterthur. Un amigo mío, que es profesor de este centro, me ha dicho, con carácter confidencial, que es probable que muy pronto haya una plaza vacante... No pienses que me dejo llevar por la megalomanía o alguna pasión sospechosa. Lo único que me mueve es el deseo ardiente de poder continuar mi actividad científica en condiciones menos desfavorables, como te será fácil comprender... Pero, ¿por qué precisamente ese puesto?, te estarás preguntando. La razón es únicamente que creo que tengo más posibilidades de conseguirlo porque: 1) Estuve ahí unos meses, cubriendo una suplencia, y 2) tengo bastante amistad con uno de los profesores... Y ahora mi pregunta: ¿Qué es lo que se hace en estos casos? ¿Debo ir a visitar a alguien para que vea personalmente lo maravilloso que soy como profesor y como ciudadano? ¿No es probable que le cause una impresión negativa (no hablo alemán suizo, tengo rasgos semitas, etc.)? Además, ¿tendría sentido que me dedicara a alabar mi trabajo científico?*

Einstein no apostó a una sola carta. El mismo mes de enero solicitó un puesto de profesor de matemáticas en el Instituto Cantonal de Zurich, donde había una plaza vacante. El 28 de enero, el profesor Alfred Kleiner —aquel que había participado en el rechazo y en la aceptación de las tesis doctorales presentadas por Einstein en la Universidad de Zurich— le envió una enigmática postal en la que expresaba su deseo de ponerse en contacto con él lo más pronto posible para tratar un asunto de importancia para ambos.

Deseando que Einstein fuera a la Universidad de Zurich como catedrático, Kleiner le insistió que intentara una vez más hacerse *Privatdozent* en la Universidad de Berna y que le informara de la marcha de los acontecimientos, a fin de que, en caso de que las cosas no fueran bien, se buscaran otros procedimientos menos ortodoxos por los que Einstein pudiera cumplir los prerrequisitos para conseguir la cátedra.

Einstein volvió a intentarlo, y esta vez las cosas fueron mejor; así, pues, en 1908, consiguió la plaza de *Privatdozent* en la Universidad de Berna. De momento no obtuvo de ello ninguna ventaja, tenía que trabajar las mismas horas que antes en la oficina de patentes y, además, ahora tenía que dar clases en la universidad. El puesto de profesor privado no estaba remunerado con un salario fijo, ni en Berna ni en ninguna otra parte. Los alumnos que asistían a clases pagaban unas cuotas destinadas a los profesores. Los catedráticos, que sí tenían salarios fijos, aumentaban sus ingresos dando clases en los cursos obligatorios, donde el número de alumnos era mayor. En cambio, un *Privatdozent,* por lo general, solía encargarse de los cursos especializados, en los que se inscribían menos alumnos y, por tanto, suponían muy bajos ingresos económicos. Einstein ganó muy poco con sus clases en la Universidad de Berna; los únicos que asistían en forma habitual eran Besso y uno o dos alumnos más.

Es verdad que en esa época Eisntein no era muy buen profesor; tenía cosas más importantes en qué pensar. Pero si quería obtener una cátedra tenía que pasar por los ritos de iniciación propios del mundo académico. Lo hizo a regañadientes y con un actitud rebelde, y no hizo ningún esfuerzo por mejorar su apariencia exterior ni su comportamiento para ponerse más a tono con la tradición académica. Entre los alumnos de Berna había por entonces muchos judíos rusos, pobres y desarreglados, a los que se les miraba con malos ojos. La hermana de Einstein, Maja, cuenta una anécdota que refleja la impresión que debió causar Einstein entre sus superiores. Ella era por entonces estudiante de la Universidad de Berna. Un día decidió asistir a una de las clases de su hermano y preguntó al conserje en que aula se encontraba el profesor Einstein. Viendo a la joven tan limpia y arreglada, el conserje dijo, totalmente desconcertado: "¿Cómo?... ¿Ese ruso es hermano suyo?"

En la primavera de 1909 llegó la esperada autorización para crear en la Universidad de Zurich una nueva plaza de profesor adjunto de física teórica. Las clases comenzaría en el otoño. El concejal Ernst propuso a Friedrich Adler, amigo de Einstein, para el puesto. Adler era un rival difícil, pues su padre, fundador del partido socialdemócrata austriaco, tenía bastante poder político. Pero el joven Adler, hombre de elevados ideales, insistió en renunciar en favor de Einstein solicitando a la junta de educación que tuviera en cuenta su extraordinaria capacidad científica que, evidentemente, era muy superior a la de él. Su alegato fue tan elocuente que a Ernst no le quedó más remedio que aceptar la renuncia de

Adler y elegir a Einstein para el cargo de profesor adjunto, el 7 de mayo de 1909, a la edad de treinta años.

Hay en esto un cierto paralelismo con un evento de la vida de Newton. En 1669, éste tenía veintisiete años y su protector en Cambridge, Isaac Barrow, renunció a su cátedra para que pudiera ser ocupada por Newton. Sin embargo, los destinos de Adler y de Barrow fueron muy distintos. Barrow se dedicó a la teología. Adler participó cada vez con más pasión en la política, y en 1916, su idealismo, perturbado por los horrores de la Primera Guerra Mundial, lo llevó a asesinar al Primer Ministro austriaco, acto por el que recibió una condena no muy severa.

En 1909, Einstein estaba demasiado absorto en sus investigaciones como para prestar atención a la política. El 6 de julio presentó su dimisión ante la oficina de patentes, lo que tendría efecto a partir del 15 de octubre de 1909, con lo que terminó un episodio de su vida. Referente a esto escribió a su amigo Besso en 1919, en un tono de nostalgia: *Aquel claustro secular donde incubé mis mejores ideas y donde pasamos tan buenos ratos juntos...* Einstein había trabajado ahí siete años justos.

En 1908, el matemático Minkowski, fiel convencido de la relatividad, presentó una ponencia en el LXXX Congreso de Científicos y Físicos Alemanes. Su intervención es famosa, entre otras cosas, por la provocativa afirmación con la que comenzó: *A partir de ahora, el espacio en sí mismo y el tiempo en sí mismo están llamados a hundirse por completo en la oscuridad, sólo una especie de unión entre ambos podría conservar una existencia independiente.*

Newton se había imaginado un mundo perfectamente encajado dentro del espacio y el tiempo absolutos. Einstein se distanció de esta imagen al decir que los distintos observadores que están en movimiento uniforme establecen diferentes sistemas de simultaneidad. Como esto afecta también a las medidas que toman la longitud, podemos decir que los distintos observadores tienen diferentes sistemas particulares del tiempo y del espacio. Pero, a pesar de estas discrepancias, los observadores tienen mucho en común. Por ejemplo, obtienen el mismo valor para la velocidad de la luz; y, por encima de todo, habitan en el mismo universo. En la teoría de la relatividad, hacía ver Minkowski, todos pertenecen a un ámbito único, universal y público, que es un conglomerado de espacio-tiempo... ¿Cómo obtienen los diferentes observadores sus tiempos y espacios personales? Separando de distintas maneras este conglomerado espacio-tiempo en espacio y en tiempo. Es como si para poder encontrar sus espacios personales, los diferentes observadores fueran cortando mentalmente un trozo de queso en distintas direcciones.

Pero se trata de un trozo de queso cuatridimensional, pues el espacio-tiempo tiene cuatro dimensiones. El tiempo constituye también una dimensión.

En un trozo de papel cuadriculado dos números representan la posición de un punto. Por eso decimos que la superficie del papel es bidimensional. En una habitación hacen falta tres números: las distancias del suelo al techo y a las paredes; por lo que decimos que la habitación tiene tres dimensiones. Si hablamos no de puntos, sino de "puntos en instantes concretos", necesitaríamos cuatro números: tres para la posición espacial y uno para el tiempo. En este sentido, el mundo es cuatridimensional.

En concreto, la interpretación del tiempo como una variable dimensional fue eje temático de la intervención de Minkowski en el Congreso de Berlín.

El siguiente congreso, el LXXXI, se llevó a cabo en Salzburgo, y ante las declaraciones de Minkowski en el anterior, no es extraño que invitaran a Einstein. Él pronunció su conferencia el 21 de septiembre de 1909. Entre los presentes estaban algunos de los físicos más destacados del mundo. Según la severa opinión de Einstein, su conferencia, desde el punto de vista científico, no tuvo demasiada importancia, pues, como comentó a un colaborador, no contenía nada nuevo. Pero aquello no era del todo cierto. Einstein exageraba en su modestia. Además, para muchos de los presentes, la conferencia fue toda una revelación, y no porque aceptaran todo lo que él expuso, sino porque lo que querían era ver y evaluar al hombre de quien tanto habían oído hablar, comprendiendo enseguida que se hallaban frente a un genio. También para Einstein fue este un momento importante. Llevaba varios años trabajando en una especie de exilio científico, y su curiosidad por ver a los grandes científicos hablar y discutir en persona era al menos tan grande como la que ellos pudieran sentir por él. La confianza que tenía en sí mismo no sufrió mella, pues comprobó que era capaz de estar a su altura. Además, en este congreso tuvo ocasión de conocer a Planck; y por si fuera poco, entabló nuevas amistades, que dieron lugar a una abundante y enriquecedora correspondencia científica.

Por eso, cuando al mes siguiente se incorporó a la cátedra de la Universidad de Zurich, había logrado un enorme progreso en su carrera, compensando ampliamente la lentitud de los primeros pasos. Einstein se alegró de verse rodeado de muchos viejos amigos y de estar en Zurich, ciudad que le recordaba sus días de estudiante, sin embargo, no iba a quedarse mucho tiempo. En 1911, a pesar de las dificultades originadas por el hecho de que fuera extranjero y judío, le ofrecieron el puesto de profesor titular en la Universidad alemana de Praga, donde Mach había ocupado el puesto de rector. Como solía hacer cuando le preguntaban oficialmente cuál era su religión, respondió que no estaba afiliado a ningún credo. Pero en este caso tuvo ocasión de comprobar que el emperador austro-húngaro Francisco-José, por cuyas manos tenía que pasar el nombramiento de Praga, exigía a todo profesor, pertenecer a una religión reconocida por el Estado, porque si no creían en un Dios reconocido, ¿cómo iban a prestar el debido juramento de fidelidad?

Ante ello, Einstein solicitó al funcionario encargado del registro que cambiara la anotación, pero él respondió que tal cosa no era posible en ausencia de pruebas. Einstein se encontraba en un problema, y su hermana nos cuenta cómo lo resolvió: preguntó por qué habían hecho constar que no era adepto a ningún credo religioso; el funcionario respondió, lógicamente, que él mismo así lo había declarado; pero él respondió diciendo que en aquel momento se declaraba oficialmente judío, y el empleado tranquilamente cambió la palabra "ninguna" por la de "mosaica".

Teniendo en cuenta lo que ocurrió más adelante, esta identificación con el judaísmo adquiere un significado simbólico y profético. Sería un error pensar que Enstein fue un judío fervoroso o ritualista; sin embargo su pensamiento, como en la ciencia, se acerca a la profundidad de lo religioso a la manera filosófica de Spinoza, quien fue repudiado por los mismos judíos. Einstein, con su sentido de la humildad, del temor, de la admiración y de la singularidad del universo, forma parte del grupo de los grandes místicos. En una carta de 1929 se reconoce discípulo de Spinoza, quien veía a Dios en la naturaleza. Poco antes le habían preguntado si creía en Dios, y él respondió por telegrama: *Creo en el Dios de Spinoza, que se revela en la ordenada armonía de lo que existe, no en un Dios que se preocupa por los destinos y acciones de los seres humanos.* Su actitud ante Spinoza fue de profunda reverencia. En 1932 declinó la invitación de escribir un ensayo sobre el filósofo diciendo que eso era algo que nadie podía hacer, que para ello se necesitaba no sólo competencia sino también una "extraordinaria pureza, imaginación y modestia". En esta misma carta hay unas palabras que merecen nuestra atención: *Spinoza fue el primero en aplicar con verdadera coherencia al pensamiento, sentimiento y acción del hombre la idea de la inevitabilidad determinista de todo lo que ocurre.* En una carta escrita en 1946, Einstein calificaba a Spinoza como *Una de las almas más profundas y puras que ha producido nuestro pueblo judío.* Y al año siguiente, al resumir sus puntos de vista sobre su creencia en un ser supremo, escribió: *Me parece que la idea de un Dios personal es un concepto antropológico que no puede tomarse en serio. Tampoco me siento capaz de imaginar una voluntad u objetivo al margen de la esfera humana. Mis concepciones están próximas a las de Spinoza: admiración ante la belleza de la lógica sencillez del orden y armonía en la que creo, y que sólo podemos comprender con humildad y muy imperfectamente. Creo que tenemos que conformarnos con nuestra comprensión y conocimiento imperfectos y tratar los valores y obligaciones morales como un problema puramente humano, el más importante de todos los problemas humanos.*

Einstein estuvo en Praga año y medio. Allí, como en Zurich, fue un profesor muy poco convencional. Al parecer no sentía ningún orgullo por el cargo que ostentaba y no soportaba los formalismos. Durante el periodo de Praga realizó progresos en su teoría general de la relatividad, que iba madurando poco a poco, y en 1912 propuso una ley cuántica fundamental de los procesos fotoquímicos, misma que Emil Warburg confirmó experimentalmente en Berlín poco tiempo después. Mientras tanto, en 1911, recibió una invitación para acudir en el otoño a la primera de una serie de conferencias científicas celebradas en Bruselas y que quedarán para siempre asociadas con el nombre del industrial belga Ernst Solvay, quien las promovió y financió. La conferencia estuvo organizada por el colega de Planck en Berlín, el físico alemán Walther Nernst, quien, tras vencer su fuerte escepticismo inicial, había aceptado con gran entusiasmo las ideas cuánticas de Einstein sobre el calor interno. El objetivo central del Congreso Solvay era reunir a los principales físicos europeos con la esperanza de llegar a un acuerdo respecto a la introducción del concepto de quanta en la física teórica. Participaron veintiún científicos y las sesiones estuvieron presididas por Lorentz. La invitación de Einstein, aunque prácticamente inevitable, era una manifestación evidente de la alta estima que ya se le tenía entonces, y para él significaba que ya pertenecía a la minoría selecta del mundo científico.

Aunque las discusiones fueron profundas, animadas y largas, los ponentes no develaban sus secretos, tal vez a la espera del momento oportuno. Fue tanta la prudencia que al parecer el Congreso Solvay no había resuelto nada; sin embargo, este encuentro tuvo profundas repercusiones en la física teórica, pues, entre otras cosas, dio al enigmático *quántum* una categoría que hasta entonces no había tenido. Uno de los mejores resultados fue que Poincaré, hombre de enorme influencia, quedó convencido de la importancia del *quántum*.

Einstein escribió en noviembre de 1911 dos cartas en las que exponía sus impresiones acerca del congreso a su amigo Heinrich Zangger, director del Instituto de Medicina Forense de la Universidad de Zurich:

Lorentz hizo las funciones de presidente con un tacto incomparable y una habilidad increíble. Habla las tres lenguas perfectamente y tiene una singular agudeza científica. Yo conseguí convencer a Planck de que aceptara muchos de mis conceptos, a pesar de que hacía años que venía resistiéndose a ello. Es un hombre honrado a carta cabal, que piensa en los demás más que en sí mismo... La experiencia de Bruselas fue muy interesante. Aparte de los participantes franceses Curie, Langevin Perrin y Poncaré, y de los alemanes Nernst, Rubens, Walburg y Sommerfeld, estaban Rutherford y Jeans. Además, claro está, de H. A. Lorentz y Kamerlingh-Onnes. Lorentz es un prodigio de inteligencia y tacto. ¡Una obra de arte en vida!... Poincaré se mostró en general hostil y, a pesar de su agudeza, demostró no entender demasiado la situación. Planck está bloqueado por algunos prejuicios indudablemente falsos... pero nadie tiene las ideas claras. Todo esto habría encantado a los diabólicos jesuitas.

Casi en el mismo momento en que Einstein fue nombrado catedrático en Praga, Grossmann, y algo después Zangger y otros, comenzaron a buscar la manera de que regresara a Zurich, en esta ocasión al Politécnico. Se solicitó a personas importantes que expusieran la opinión que les merecía Einstein. Poco después del Congreso Solvay, Marie Curie respondió con unas líneas muy entusiastas:

He admirado enormemente las obras publicadas por Einstein sobre problemas relacionados con la física teórica moderna. Además creo que los físicos matemáticos estamos todos de acuerdo en considerar estas obras de máxima categoría. En Bruselas, donde asistí a una conferencia científica en la que intervino también Einstein, pude captar la claridad de su mente, la profundidad de sus conocimientos y la amplitud de su documentación. Si consideramos que Einstein es todavía muy joven, podemos depositar en él las mayores esperanzas, y verle como uno de los grandes teóricos del futuro. Creo que una institución científica que brinde a Einstein la oportunidad de trabajar en lo que él desea, nombrándole catedrático en las condiciones que se merece, se sentirá honrada con tal decisión y prestará un gran servicio a la ciencia.

En 1912, Einstein recibió una oferta para incorporarse como profesor en el Politécnico de Zurich.

Entre otras personas que escribieron a favor de Einstein estaba Poincaré. Su carta es especialmente interesante: *Einstein es uno de los pensadores más originales que he conocido en mi vida. A pesar de su juventud ha logrado ya un puesto distinguido entre los principales científicos de su época. Lo que debemos admirar particularmente en él es la facilidad con que se adapta a los nuevos conceptos y consigue extraer de ellos todas las conclusiones que encierran. No se considera sometido a los principios clásicos, y cuando se enfrenta con un problema de física en seguida contempla todas sus posibilidades. Esto le permite predecir mentalmente nuevos fenómenos que quizá un día puedan verificarse de forma experimental. No quiero decir que todas estas predicciones pasen la prueba experimental cuando tales pruebas sean posibles. Como busca en todas las direcciones, debemos esperar exactamente lo contrario: que la mayoría de los caminos emprendidos por él no sean más que callejones sin salida. Pero al mismo tiempo, hay que esperar que una de las direcciones indicadas sea la correcta, y eso ya es bastante. Así es exactamente como hay que actuar. El papel de la física matemática es formular preguntas, y sólo la experimentación pude dar una respuesta.*

En enero de 1912 Einstein recibió del Politécnico de Zurich la oferta de incorporarse a dicho centro como profesor, con un contrato por diez años. En aquellas fechas fue un hombre muy solicitado. Estando en Praga, recibió ofertas para ocupar puestos de profesor en Ultrech, en Leiden —como sucesor de Lorentz, que estaba a punto de retirarse— y en Viena. La última oferta incluía un sueldo magnífico. Pero Einstein tenía el corazón en Zurich y ya se había comprometido con el Politécnico. En el verano de 1912 escribió a Zangger y, hablando de la oferta de Viena, comentaba: *No la acepté. Habría sido poco noble de mi parte venderme de esa manera a espaldas de los demás.*

Así, pues, en octubre de 1912 Einstein volvió como profesor a Zurich, donde años antes no había conseguido superar el examen de ingreso y donde, tras terminar sus estudios, había intentado inútilmente conseguir un empleo.

Sin embargo la estancia en Zurich sería breve. Planck y Nernst estaban haciendo planes para llevarlo a Berlín. En verano de 1913 fueron personalmente a Zurich para hacerle una oferta: sería elegido —a la edad de treinta y cuatro años— miembro de la prestigiosa Academia de Ciencias de Prusia; el cargo iría acompañado de una remuneración económica; tendría la categoría de catedrático; sería director de la futura sección de investigación científica del Instituto *Kaiser Wilhelm;* estaría en contacto con algunos de los mayores científicos de Alemania, y, sobre todo, podría elegir libremente dar clases o no darlas; si así lo deseaba, podría dedicar todo su tiempo a la investigación.

Ésa era la oferta. Había muchas probabilidades de que fuera aprobada oficialmente; en tal caso, ¿la aceptaría?... Aquello era algo que Eisntein no podía rechazar. En abril de 1914 se trasladó con su familia a Berlín, lo que fue el principio de su gran carrera ascendente, pero el fin de su matrimonio, pues unos meses después, su esposa, Mileva, prefirió regresar a Zurich, llevándose a los niños.

Tiempos de guerra

En agosto de 1914 comenzó la Primera Guerra Mundial. Los alemanes, en busca de una rápida victoria, realizaron un ataque sorpresa a Bélgica, violando su neutralidad, lo que fue considerado un acto de barbarie; pero ese movimiento no tuvo el efecto que ellos esperaban y la guerra se prolongó hasta 1918. El fervor patriótico se contagió en ambos bandos del conflicto, y los científicos e intelectuales también se dividieron, dejando atónitos a hombres de libre conciencia, como Bertrand Russel en Inglaterra y Albert Einstein, en Alemania. Con la intención de mitigar los negativos efectos psicológicos de la invasión a Bélgica, el gobierno alemán redactó un "Manifiesto al mundo civilizado", en el que presentaban el ataque alemán como una defensa de la cultura europea. El manifiesto fue firmado por noventa y tres intelectuales alemanes, entre los que se encontraba Max Planck, lo que causó una gran indignación en el extranjero.

Einstein dijo más tarde que, como ciudadano suizo, nadie le había pedido que firmara; aunque tampoco lo habría hecho si se lo hubieran propuesto. Desde el primer momento Einstein apoyó a su colega Georg Nicolai, quien preparó un "Manifiesto de los europeos", pidiendo la cooperación de los intelectuales de los países en guerra para formar un frente común y establecer una "Sociedad de europeos", a manera de contrapeso moral en contra de la pasión bélica. Este manifiesto fue firmado solamente por cuatro personas: el propio Nicolai, Einstein y dos más.

La guerra había trastornado el carácter internacional de la ciencia. Ya no había libre intercambio de información científica entre los países en guerra. Pero la neutralidad de Holanda había sido respetada, y el astrónomo holandés Willem de Sitter siguió en contacto con su colega inglés Arthur Eddington. En 1916, de Sitter envió a Eddington la copia de un complicado artículo de Einstein en el que explicaba la teoría de la relatividad. A Eddington le entusiasmó; en un detallado informe oficial decía: *independientemente de que sea correcta o no, debemos examinar atentamente esa teoría, por ser uno de los más bellos ejemplos de razonamiento matemático.*

En plena guerra, Eddington y Frank Dyson, astrónomo oficial inglés: planificaron, con ayuda del gobierno, dos expediciones, una a Sobral (Brasil) y otra a la isla portuguesa de Príncipe, junto a la costa occidental africana. El 29 de mayo de 1919, tal como había indicado Dyson, iba a producirse en dicho lugar un eclipse total de sol especialmente favorable. El objetivo de las expediciones era verificar la teoría de Einstein, desarrollada en la capital del bando enemigo.

A pesar del mal tiempo dominante en Príncipe, en algunas de las fotografías realizadas por Eddington y su ayudante a través del telescopio, se veían estrellas en medio de las nubes. Eddington realizó mediciones micrométricas en las fotografías más claras y con gran satisfacción descubrió que confirmaban la nueva teoría. Más tarde dijo que aquel había sido el momento más importante de su vida.

Tuvo que pasar algún tiempo antes de la evaluación completa de los datos obtenidos en Príncipe y Sobral. Aunque habían cesado los combates, la guerra no había terminado oficialmente. La comunicación directa entre Inglaterra y Alemania era prácticamente imposible, y la comunicación indirecta era demasiado lenta. A comienzos de septiembre llegaron hasta Einstein rumores de que los resultados del eclipse habían sido favorables, y el 22 de septiembre de 1919 Lorentz le envió un telegrama en el que le confirmaba tales rumores; Einstein le respondió con otro telegrama: *Muchísimas gracias a ti y a Eddington. Saludos.* Así, el 27 de septiembre,

Einstein tuvo la enorme satisfacción de enviar a su madre enferma en Suiza, una tarjeta postal que decía: *Querida madre: hoy tengo buenas noticias. H. A. Lorentz me ha comunicado que las expediciones inglesas han confirmado la desviación de la luz en las proximidades del sol...*

Pero la noticia no era todavía oficial. El 6 de noviembre de 1919 se celebró en Londres una histórica reunión conjunta de la Royal Astronomical Society. En 1703, hacía más de dos siglos, Newton había sido elegido presidente de esa institución, y posteriormente fue reelegido todos los años, hasta su muerte. Ahora, en 1919, estaba presente en la mente de todos los científicos reunidos. Su retrato dominaba la escena desde un lugar de honor en la pared; sin embargo, aunque estaba de cara al público, tenía la vista desviada hacia la derecha, como si estuviera sumido en profunda contemplación, mientras Joseph Thomson, descubridor del electrón, galardonado con el Premio Nobel y presidente de la Royal Society, aclamaba la obra de Einstein, como *...uno de los mayores logros de la historia del pensamiento humano, por no decir el mayor de todos ellos,* y el astrónomo real informaba de manera oficial que los resultados de las expediciones organizadas en ocasión del eclipse confirmaban la concepción de Einstein, no la de Newton.

La espectacularidad de aquel acontecimiento se vio felizmente subrayada por el término de la guerra. Supongamos que no se hubiera producido la guerra y que Finlay-Freundlich hubiera logrado observar el eclipse de 1914, obteniendo una desviación de 1.7 segundos de arco en una fecha en que Eisntein preveía una desviación de sólo 0.83 segundos de arco. O que, en América, Hale y sus amigos astrónomos hubieran llegado a descubrir, sin esperar el eclipse, que la desviación era el doble del valor previsto. En ese caso, el cálculo de 1.7 segundos, presentado por Einstein en 1915 habría parecido un resultado puramente conformista, aceptando que sus cálculos iniciales habían sido erróneos y ahora reconocía los hechos. Casi todos pudieron haber pensado que Einstein había hecho una maniobra hábil, y la desviación de la luz habría perdido el tremendo impacto que tuvo en cuanto a predicción. Pero se había producido la guerra, y la predicción de la desviación de la luz se había visto confirmada en circunstancias muy especiales, en un momento en que las naciones estaban cansadas de la guerra y descorazonadas. Los rayos curvos de la luz estelar habían iluminado un mundo sumergido en la sombra, revelando una unidad entre los hombres que se imponía por encima de los conflictos bélicos. Los periódicos ingleses no hicieron demasiado por relacionar a Einstein con Alemania y comunicaron con gran entusiasmo la trascendental noticia, la cual se difundió rápidamente por otros países. En diciembre de 1919 Eddington escribía a Einstein diciendo: *Toda Inglaterra está hablando de su teoría. Ha causado un impacto sensacional... Es lo mejor que podría haber ocurrido para mejorar las relaciones científicas entre Inglaterra y Alemania.*

El destino daba un giro imprevisto a los acontecimientos. La luz estelar, con su ligera desviación, había deslumbrado al gran público, y de pronto Einstein se convirtió en una celebridad mundial. Este hombre, especialmente sencillo, buscador solitario de la belleza cósmica, era ahora un símbolo mundial, objeto de veneración, aunque también de odios y envidias.

La aclamación popular resultaba para Einstein tan incomprensible como su teoría para el profano. Las ventas de su pequeño libro se dispararon y muy pronto aparecieron traducciones. En Inglaterra, el editor pidió al traductor inglés que redactara una breve nota explicativa para uso de los vendedores, quienes habían comprobado la gran ignorancia del público sobre el significado de la relatividad.

El 2 de febrero de 1919, el matrimonio Einstein terminó en divorcio, aunque en términos amistosos. Mileva recibió la custodia de los hijos y Einstein debía correr con los gastos de los tres. Él se comprometió también a entregar a Mileva el dinero del Premio Nobel, mismo que todavía no se le había otorgado, pero todos estaban seguros de que tarde o temprano lo recibiría.

En Berlín, en los años de la guerra, pasó muchos días en casa del primo de su padre, Rudolf Einstein, cuya esposa era hermana de su madre, de manera que Elsa, su hija, era prima por ambas partes. Siendo niña, muchas veces había jugado con Albert en Munich. Al quedarse viuda se había trasladado a la casa de su padre con sus dos hijas, Ilse y Margot. En 1917, año en que Einstein tuvo una grave enfermedad gástrica, Elsa lo atendió con gran esmero. Siempre había habido una fuerte unión entre ellos, y en junio de 1919 contrajeron matrimonio. Ella lo ayudó a sobrellevar la pena por su madre enferma, a quien se le había detectado un cáncer incurable; a finales de 1919, la señora Einstein fue con una enfermera a Berlín para pasar al lado de sus hijos sus últimos días. Murió en febrero de 1920.

A comienzos de marzo, en una carta dirigida a Max Born, quien le había pedido su opinión sobre la conveniencia de abandonar su ciudad para aceptar una cátedra en Gotinga, Einstein escribía: *Lo importante no es dónde resides... Además, soy un hombre sin raíces en ninguna parte, y no me considero la persona más indicada para dar consejos. Las cenizas de mi padre están en Milán. Enterré a mi madre aquí hace pocos días. Yo mismo he estado siempre yendo de un lugar a otro; soy un extraño en todas partes. Mis hijos están en Suiza en circunstancias que no favorecen mucho que pueda verlos. Lo ideal para un hombre como yo es sentirse en casa en cualquier parte, rodeado de sus seres queridos y amigos. Por eso no tengo derecho a aconsejarte en ese asunto.*

Esta carta recuerda en parte a otra anterior. En 1919, poco antes de la proclamación oficial de los resultados del eclipse, Einstein, que realizaba una visita científica a Holanda, había pasado unos días muy felices con Ehrenfest y su familia. Más adelante, Einstein le escribió para darle las gracias, diciendo: *De ahora en adelante seguiremos manteniendo un estrecho contacto personal. Sé que nos hace bien a los dos y que tanto tú como yo nos sentimos menos extraños en este mundo gracias al otro.*

Su enorme fama impuso a Einstein obligaciones que su conciencia no le permitía eludir. Estaba en una situación singular para contribuir a superar los enfrentamientos entre las naciones. La guerra había sido muy encarnizada, y cuando se interrumpieron los combates, las pasiones seguían todavía muy enconadas tanto entre los vencedores como entre los vencidos. En diciembre de 1919, la Royal Astronomical Society de Inglaterra decidió conceder a Einstein su medalla de oro de 1920, pero los miembros mas "patrióticos" consiguieron los votos suficientes para impedir la ratificación de esta concesión, lo que finalmente sucedió, pero hasta 1926.

En 1918 el káiser abdicó del trono alemán y subió al poder un gobierno republicano. En las notas de Eisntein para las conferencias semanales sobre la relatividad, correspondientes al invierno de 1918-1919, no aparece ningún tema científico el día 9; en el programa se señala lo siguiente: "Suspendida por la revolución". Detrás de este lacónico comentario se escondían acontecimientos turbulentos en los que Einstein tuvo participación. Los revolucionarios de la Universidad de Berlín habían proclamado la deposición del rector, al que incluso mantuvieron en cautividad durante unos días. Dada la categoría científica de Einstein y su conocida orientación socialista, se le solicitó su intervención, y con dos de sus amigos, Born y el psicólogo Max Wertheimer, se presentó ante los dirigentes de los estudiantes rebeldes, los que lo cuestionaron y le demandaron que expusiera sus puntos de vista. Él habló claramente sobre los peligros que el desorden revolucionario implicaba para la libertad académica, y sus palabras no fueron del agrado de los rebeldes. No obstante, enviaron a Einstein y a sus amigos como representantes de los universitarios ante el presidente de Alemania, pues el nombre de Einstein abría todas las puertas. El presidente interrumpió importantes asuntos de

Estado para escribir un breve memorándum, y pronto se encontró una vía de arreglo de los problemas.

Einstein siempre vio con buenos ojos aquel movimiento político, pues representaba la caída del régimen militarista prusiano. Aunque Alemania estaba desilusionada tras la derrota en la guerra y era víctima del bloqueo aliado, Einstein tenía grandes esperanzas en el futuro del país. Él pensó que su situación lo obligaba a realizar un gesto de simpatía y de apoyo a la nueva república alemana. Por eso, sin renunciar a la ciudadanía suiza, también se hizo ciudadano alemán, pues entendió que ya se había convertido en un símbolo y tenía una tarea que cumplir. En septiembre de 1919 escribió a Ehrenfest, quien le había hecho la propuesta de trabajar en Leiden: *Le prometí a Planck no alejarme de Berlín, a no ser que las condiciones fueran tales que él considerara natural y adecuada la decisión... Sería una doble mezquindad por mi parte marcharme sin ninguna necesidad, precisamente en el momento en que empiezan a realizarse mis esperanzas políticas, y quizá en parte por motivos materiales, abandonando a un pueblo que me ha colmado de cariño y amistad, y para el que mi marcha resultaría doblemente dolorosa en esta hora de humillación... (tengo la impresión de ser una reliquia de una antigua catedral; nunca se sabe qué hacer con la cosas viejas...)* Pero más tarde Einstein aceptó trabajar varias semanas al año en Leiden, sin abandonar su cátedra en Berlín.

El 28 de noviembre de 1919 publicó un artículo en el *Times* de Londres sobre la relatividad, y en él se expresaba en un tono conciliador, diciendo lo siguiente: *Tras la lamentable interrupción de la antigua intercomunicación entre los hombres de ciencia, aprovecho gustoso esta ocasión para expresar mis sentimientos de alegría y gratitud hacia los astrónomos y físicos de Inglaterra. Como correspondía a las nobles tradiciones de la actividad científica en vuestro país; eminentes científicos han dedicado su tiempo y esfuerzos, y vuestras instituciones científicas no han ahorrado gastos para verificar las consecuencias de una teoría que se desarrolló y publicó durante la guerra en territorio enemigo... Pero no debemos suponer que la enorme tarea de Newton pueda ser desbancada por la relatividad o cualquier otra teoría. Sus grandiosas y lúcidas ideas conservan su importancia singular para todos los tiempos en cuanto a base de toda nuestra estructura conceptual moderna en el campo de la filosofía natural.* Al final del artículo Einstein incluyó este comentario irónico: *Nota: Algunas de las afirmaciones aparecidas en su diario al hablar de mi vida y mi persona tienen su origen en la intensa imaginación del escritor. Al lector le gustaría ver otra aplicación del principio de la relatividad. Hoy me consideran en Alemania un "sabio alemán", y en Inglaterra como un "judío suizo". Si me quisieran representar como una* bête noire *sería, por el contrario, un "judío suizo" para los alemanes y un "sabio alemán" para los ingleses.*

Seguramente, las palabras de Einstein sobre Newton salían del corazón. No eran un gesto diplomático, arte en el que él, en su honradez instintiva, no progresó demasiado. Entre los papeles de Einstein apareció un pequeño texto de forma poemática en el que hace honor al "maestro" Newton:

Contempla las estrellas y aprende de ellas
la verdadera forma de honrar al Maestro.
En su silencio eterno, siguen su curso
según las leyes de Newton.

La evolución de la intolerancia

Unos meses después de la aparición del artículo acerca de Einstein en *The Times*, el encargado de negocios informaba lo siguiente al Ministerio de Asuntos Exteriores alemán: *Los periódicos ingleses han publicado los violentos ataques verbales dirigidos en Alemania contra el distinguido profesor Einstein. Hoy el* Morning Post *informa que Einstein tiene intenciones de abandonar Alemania y dirigirse a América. Aunque, como es bien sabido en Inglaterra, ningún profeta es bien visto en su propia tierra, los ataques verbales contra Einstein y la campaña dirigida también desde Alemania contra famosos científicos ingleses producen muy mala impresión aquí en Inglaterra. Más que nunca, Einstein constituye para Alemania un factor cultural de primer orden, pues su nombre es conocido en todas partes. No podemos expulsar a este hombre de Alemania; podríamos utilizarlo como eficacísimo medio de* kulturpropagand. *Si Einstein está pensando realmente en marcharse de Alemania, sería mucho mejor para la reputación de nuestro país en el extranjero tratar de convencerlo de que se quedara.*

Era evidente que algo había ocurrido en Alemania, pues Einstein era objeto de numerosos ataques. Él siempre había hablado claramente en contra del militarismo alemán, y ni su pacifismo ni su orientación socialista, su fama o el hecho de ser judío le favorecían demasiado a los ojos de los defensores fanáticos del nacionalismo alemán. Éstos necesitaban desesperadamente una excusa para explicar la derrota de Alemania, y echaron la culpa a los pacifistas y a los judíos. Empezaron a producirse incidentes desagradables. En 1920 se desarrolló en Alemania una campaña antisemita que contaba con un fuerte soporte económico y tenía como objeto denigrar a los intelectuales de origen judío, y en especial a los que tuvieran alguna filiación de izquierda, como era el caso de Einstein. El 25 de agosto, los seguidores de esta corriente organizaron en el Palacio de Conciertos de Berlín una gran reunión que tenía como principal finalidad el criticar la teoría de la relatividad. Muchos diarios alemanes se sumaron a la campaña. Indignados ante tal actitud, Laue, Nernst y Rubens intentaron poner en evidencia su irracionalidad publicando una declaración conjunta en la prensa; en ella deploraban los ataques personales a Einstein, defendían la relatividad y declaraban que, aún prescindiendo de esa teoría, Einstein era un físico de talla excepcional. El propio Einstein, hombre de temperamento ecuánime que había asistido a la reunión como espectador, no pudo contenerse y escribió una respuesta pública no demasiado acertada. Los periódicos ingleses no habían exagerado cuando, para consternación del encargado de negocios alemán, informaban de los ataques a Einstein.

En este momento volvemos a encontrarnos con Lenard. Él había obtenido el Premio Nobel en 1905, el mismo año en que Einstein había utilizado, con gran provecho, las anteriores observaciones experimentales de Lenard sobre el efecto fotoeléctrico. Lo que éste sentía por Einstein era casi idolatría. En 1909, por ejemplo, le había escrito una efusiva carta en la que lo calificaba de "pensador profundo y trascendental", y confesaba que tenía siempre sobre la mesa una carta que Einstein le había escrito en 1905. Pero el tiempo y los acontecimientos habían cambiado a Lenard; se convirtió en uno de los más virulentos detractores de las obras de Einstein, y sus ataques tenían toda la fuerza que le otorgaba su prestigio científico. Su ofensiva comenzó en el Congreso de Científicos y Físicos Alemanes, celebrado en Bad Nauheim en 1920. La arremetida de Lenard tenía resonancias antisemitas, pero Planck, quien presidía la sesión, pudo prever esa tendencia, logrando evitar el desastre, pero lo que no pudo impedir fue que se produjeran fuertes enfrentamientos verbales entre Lenard y Einstein. Lenard sería con el tiempo miembro entusiasta del partido nazi.

En otoño de 1920, Einstein escribió a la comunidad judía de Berlín, diciendo que no tenía intención de pagar el impuesto religioso: *Me considero totalmente judío, pero estoy muy lejos de las formas religiosas tradicionales.* A cambio, proponía hacer, todos los años, una donación para el departamento social de la comunidad. Cuando le dijeron que, al igual que ocurría en los demás grupos religiosos de Alemania, cada judío estaba obligado por ley a pagar impuestos a su comunidad, él respondió: *Nadie puede ser obligado a pertenecer a una comunidad religiosa. Gracias a Dios, eso es cosa del pasado. De una vez por todas, quiero dejar bien claro que no tengo intención de formar parte de ningún grupo religioso oficial... y que me mantendré al margen de todos ellos.* La discusión sobre este asunto se prolongó hasta febrero de 1924, fecha en que Einstein aceptó hacerse miembro de la comunidad tras convencerse de que podía hacerlo únicamente en sentido cultural, no religioso.

Mientras tanto, ante el resurgimiento de un antisemitismo declarado, Einstein comenzó a darse cuenta de que su fama le imponía también una responsabilidad especial hacia los judíos, pues no podía marginarse ante la insidiosa persecución de que ya eran objeto en aquella época. A pesar de su aversión al nacionalismo, se convenció de que debía apoyar al sionismo, que era el antiguo sueño de Theodor Herzl de formar una nación judía que la guerra había estado a punto de convertir en realidad, por increíble que pareciera. Esta decisión de apoyar el nacionalismo judío no fue fácil para Einstein, pero veía en la patria judía la satisfacción de una necesidad psicológica, cultural y política de los judíos, un medio de darle forma a sus aspiraciones y una nueva sensación de unidad. En marzo de 1921, Chaim Weismann, dirigente sionista, quien sería con el tiempo el presidente de Israel, envió desde Inglaterra un emisario que informó a Einstein sus planes de crear una universidad hebrea en Jerusalén. Weismann quería que el científico lo acompañara en una visita que pensaba realizar a América para obtener fondos. La idea no resultaba muy atractiva para Einstein, y le comunicó inmediatamente su negativa diciendo que él no tenía nada de orador y que los sionistas debían contentarse con utilizar su nombre. Pero, ante la insistencia de sus amigos, terminó por aceptar, aunque ello significara que tenía que renunciar al siguiente Congreso Solvay, el primero desde la guerra.

En cuanto se supo que Einstein tenía intenciones de viajar a América, los presidentes de distintas instituciones académicas le hicieron llegar una auténtica avalancha de invitaciones en las que le proponían conferencias, visitas y distinciones académicas. A comienzos de 1921, Einstein había pronunciado conferencias en Praga y Viena ante un público entusiasta, pero ambas ciudades pertenecían a países que no habían combatido contra Alemania. La visita a los Estados Unidos representaba una nueva etapa en las relaciones de la posguerra. América había luchado contra Alemania, sin embargo los americanos recibieron a Einstein con un entusiasmo que él no lograba entender. El 2 de abril de 1921, mientras el barco atracaba, los periodistas lo asediaron a bordo. El alcalde de Nueva York organizó un gran recibimiento y el presidente Harding lo invitó a la Casa Blanca. En los círculos académicos también fue recibido con gran cordialidad. La Universidad de Columbia le impuso una medalla, la Universidad de Princeton lo nombró doctor *honoris causa.* Las cuatro conferencias pronunciadas por Einstein aparecieron de inmediato traducidas al inglés que la misma universidad publicó en forma de libro con el título *The Meaning of Relativity.* La obra llegó hasta la sexta edición y todavía se sigue vendiendo. En una recepción organizada en su honor en Princeton, le pidieron que expresara su opinión sobre ciertos experimentos que parecían rebatir las concepciones relativistas. Él respondió con un comentario, que es como un credo científico y que se ha hecho famoso. Estaba presente el matemático americano Oswald Veblen, quien tuvo la precaución de tomarlo por escrito. Años más tarde, en 1930, cuando la Universidad de Princeton construyó un edificio especial para la sección de matemáticas, Veblen obtuvo la autorización de Einstein para grabar en mármol aquellas palabras y colocarlas sobre la chimenea del salón de la facultad. La inscripción está en su original alemán:

Raffiniert ist der Herrgott, aber boshaft ist er nich
Dios es sutilmente astuto, pero no malicioso

En su respuesta a Veblen, Einstein explica lo que quería decir con la frase: "la naturaleza oculta sus secretos porque es sublime, no porque sea tramposa".

En lo que se refiere al principal objetivo del viaje a los Estados Unidos, que era la recolección de fondos, todo resultó exitoso, pues se reunieron millones de dólares para el Fondo Nacional Judío. Como dijo Einstein al volver a Berlín: *Gracias a la incansable energía y al espíritu de sacrificio de los doctores judíos de América, hemos conseguido recaudar el dinero suficiente para la creación de una facultad de Medicina, y ya se han puesto en marcha los trabajos preliminares.*

La visita a los Estados Unidos impresionó profundamente a Einstein. Fortaleció su conciencia de judío y lo confirmó en su intención de apoyar el sionismo, lo que preocupó a muchos judíos alemanes que fincaban sus esperanzas en la asimilación con el pueblo alemán.

En el viaje de vuelta desde América, Einstein se detuvo brevemente en Inglaterra, de donde había recibido invitaciones para dar conferencias en la Universidad de Manchester y en el King's College de la Universidad de Londres. En Inglaterra persistía una gran hostilidad hacia Alemania, y nadie podía prever de antemano lo que ocurriría con las conferencias. Einstein hablaba en alemán, la lengua del enemigo, y, a pesar de todo, sus conferencias provocaron un enorme entusiasmo. Cautivó al público por la sola fuerza de su personalidad, por su naturalidad, sencillez y humor, por el dominio de los temas que tocaba y por la indefinible aura de grandeza que ni su timidez podía ocultar. Durante su estancia fue tratado como un verdadero héroe del espíritu, otorgándole la Universidad de Manchester el título de doctor *honoris causa.* En Londres se alojó como invitado de honor en casa del estadista y filósofo lord Haldane donde conoció a muchos personajes distinguidos de la sociedad británica. Tal como Haldane y Einstein habían esperado, la visita contribuyó en gran medida a la causa de la reconciliación internacional.

En junio de 1921, Einstein llegó de nuevo a Alemania, donde poco después el nuevo observatorio astronómico fue bautizado en su honor con el nombre de *Torre Einstein.* Entre los científicos que acudieron en ese tiempo a estudiar con Einstein estaba el joven húngaro Leo Szilard, con quien patentó un invento conjunto consistente en un mecanismo de refrigeración.

En marzo de 1922, en gran parte gracias a los esfuerzos de Paul Langevin, quien tuvo que luchar contra la fuerte oposición de algunos patriotas franceses, Einstein dio una serie de conferencias en el Collège de France en París. Muy significativo del ambiente de amargura dejado por la guerra es el hecho de que fuera ésta la primera vez que Einstein pudiera dar una conferencia en Francia, y aún entonces tuvieron que tomarse grandes precauciones. Como él mismo recordaba en una carta escrita en 1943: *Fue Walther Rathenau, ministro alemán de Asuntos Exteriores, quien me aconsejó encarecidamente que aceptara la invitación de ir a París, gesto que entonces se consideraba muy arriesgado.*

Pero en Alemania, por debajo de los acontecimientos de la vida cotidiana, se estaba incubando una amenaza. Estalló de forma violenta el 24 de junio de 1922, cuando activistas de derecha asesinaron a Rathenau, internacionalista judío; y en Alemania, como en Francia, su visita a París había causado fuertes resentimientos en algunos sectores. Había recelos nacionalistas contra él hasta entre sus colegas científicos alemanes. En las reuniones procuraban no sentarse a su lado, algunos por convicción, y otros por temor a que pudieran pensar que tenían amistad con él.

En Congreso de Científicos y Físicos alemanes debía celebrar su centenario el mes de septiembre en Leipzig, con Einstein como principal ponente; pero el 5 de julio de 1922 éste consideró necesario escribir a Planck para que cancelara su intervención. En su carta decía: *Varias personas de toda confianza me han advertido seriamente, y de forma independiente, que por el momento procure alejarme de Berlín, y sobre todo que evite toda aparición pública en Alemania. Parece ser que figuro entre las personas que los nacionalistas están dispuestos a asesinar. Cierto es que no tengo ninguna prueba concluyente, pero en las actuales circunstancias creo muy posibles tales amenazas. Si estuviera en juego alguna causa importante, no me amedrentaría por tales razones. Pero en el presente caso no se trata más que de una simple ceremonia oficial, y es fácil encontrar a otro (por ejemplo Laue) que pueda ocupar mi lugar. El problema es que los periódicos han mencionado mi nombre demasiadas veces, y de esta manera han movilizado a la chusma contra mí. No me queda otra alternativa que tener paciencia y marcharme de la ciudad. Te pido que te tomes este pequeño incidente con calma, como lo estoy haciendo yo.*

Durante cierto tiempo, Einstein escuchó las advertencias y se mantuvo retirado en Berlín, renunciando incluso a sus conferencias habituales. Pero el 1° de agosto apareció públicamente en una importante manifestación celebrada en Berlín contra la guerra, y con este gesto de audacia demostró que no se sentía intimidado, recuperando de nuevo su libertad. Sin embargo, no pronunció el discurso de apertura de Leipzig.

En octubre de 1922, por invitación de un editor japonés, los Einstein hicieron una visita al Japón, donde pasaron seis semanas. En un informe enviado a Berlín, el embajador alemán comparó la visita de Einstein con una comitiva triunfal. A su paso se formaban verdaderas multitudes deseosas de verlo en persona. Fue recibido por la emperatriz y los periódicos competían entre sí para informar de sus actividades, ya fuera con tonos realistas o de ficción. Fue colmado de honores y de toda clase de regalos, y se dejó cautivar por el singular encanto de los japoneses. Muchos años más tarde, recordaba con nostalgia aquella visita al Japón diciendo: *Me encariñé tanto con las personas y con el país, que al marcharme no pude contener las lágrimas.* Aquel viaje había sido una especie de desahogo tras las tensiones sufridas en Berlín después del asesinato de Rathenau. El embajador alemán en Japón, aunque a veces sufriera por la indumentaria poco ortodoxa de Einstein, sentía gran atracción hacia él, y envió informes oficiales a Berlín en los que decía que, a pesar de todas las distinciones recibidas, seguía siendo un hombre modesto, cariñoso y sencillo. Evidentemente, Einstein era muy distinto de otras celebridades a quienes había acompañado el embajador.

Unos días antes que el barco en el que viajaba Einstein, llegó al Japón la noticia de que se le había concedido el Premio Nobel de 1921, "por su servicios a la física teórica y, en especial, por su descubrimiento de la ley del efecto fotoeléctrico". En el documento oficial no se mencionaba en concreto la relatividad, la que todavía se consideraba más que una teoría, una doctrina, ciertamente sujeta a polémica, tanto en lo científico como en lo político, pues no era fácil de entender y había recibido muchos ataques. La ley fotoeléctrica era también una propuesta arriesgada, pero tras los experimentos de Millikan estaba lo suficientemente probada como para merecer el otorgamiento del premio.

Cuando el galardonado no puede estar presente en la ceremonia de entrega del Premio Nobel, lo normal es que lo acepte en su nombre el embajador de su país en Suecia. Einstein quería que se encargara de ello el embajador suizo; pero los alemanes, conscientes de la importancia del acto, pusieron toda clase de objeciones. Al final, el problema se solucionó con una maniobra diplomática que consistió en que el embajador suizo en Alemania llevara personalmente el diploma y la medalla a Berlín, para entregárselos a Einstein. Cuando más tarde Einstein pronunció en Suecia el discurso de aceptación del Premio Nobel, hizo caso omiso de las palabras del documento oficial y habló de la teoría de la relatividad.

Eisntein continuó con su "paseo triunfal" y del Japón se fue a Palestina donde la bienvenida que le ofrecieron los judíos tuvo características especiales, subrayadas por el recuerdo de su tragedia milenaria. En Jerusalén, en el monte Scopus, emplazamiento de la futura Universidad Hebrea, pronunció una conferencia en francés y anotó en su diario: *Tuve que comenzar con un saludo en hebreo, que leí con grandes dificultades.* Fue tratado con gran respeto, y en su conferencia se le invitó a hablar "de la cátedra que lo está esperando desde hace dos mil años", en general quedó profundamente conmovido por las aspiraciones de los dirigentes judíos. Sin embargo, al ver las oraciones angustiosas frente al Muro de las Lamentaciones y las ruinas de la gloria pasada de Salomón y su templo, escribió en su diario: *Una visión deplorable de hombres con pasado y sin presente.*

De Palestina fue a España donde, según él mismo decía humorísticamente, siguió "silbando su teoría de la relatividad". De Madrid a la frontera francesa viajó en el tren de la casa real española; pero cuando el matrimonio llegó a territorio francés, de vuelta a Berlín, Einstein estaba ya harto de todo el boato con el que se rodeaban sus viajes, por lo que él y su familia viajaron en tercera clase.

Cuando llegaron a su casa, en la primavera de 1923, Europa mostraba ya señales de una peligrosa tensión. Los fascistas se habían adueñado del poder en Italia. Poincaré, el Primer Ministro francés, había enviado tropas a la zona del Ruhr para obligar a Alemania a compensar los gastos ocasionados por la guerra; en consecuencia, ésta se vio sumida en una inflación tan desastrosa que el marco alemán se convirtió casi en papel sin valor, con lo que se generalizó la miseria y se gestó el nazismo.

Sin embargo, en estos y los siguientes años, Berlín fue el centro de una edad de oro del arte y de la ciencia alemanes, y Einstein estuvo ahí la mayor parte del tiempo. Era bien conocido su amor a la música, y durante esa época, más que en ninguna otra de su vida, dedicó mucho tiempo a sus estudios de violín; en especial le gustaba interpretar música del siglo XVIII: Bach, Vivaldi y Mozart.

Los congresos de Solvay, interrumpidos por la guerra, se habían reanudado en 1921, pero Einstein no pudo asistir en aquella ocasión a causa de su viaje a los Estados Unidos. En otoño de 1923, mientras se hacían planes para organizar otro congreso en Bruselas, en Bélgica había aún grandes resentimientos contra Alemania, pues nueve años antes había violado su neutralidad. Al enterarse de que no se invitarían a otros científicos alemanes, Einstein declinó la invitación.

Con el paso de los años se fue desilusionando de la Sociedad de las Naciones y de sus posibilidades de conseguir la paz mediante la concordia. Se daba cuenta de que había ya poderosas fuerzas empeñadas en una dura batalla y que no era posible convencerlas con simples debates. Sin embargo, como miembro del Comité de Cooperación Intelectual, patrocinado por la Sociedad de las Naciones, trabajó intensamente con sus colegas de otros países, con la esperanza de realizar algo tangible. Más tarde, hablaría de ese comité en los siguientes términos: *A pesar de contar con miembros muy ilustres, fue la empresa más ineficaz en la que he participado jamás.*

En 1928, estando en Suiza, cayó gravemente enfermo del corazón y fue llevado a Berlín. Pocos meses después pudo abandonar la cama, pero tardó mucho tiempo en reponerse del todo. Como antes, seguía apoyando la causa del pacifismo; en ese mismo año publicó un artículo que contenía las siguientes palabras: *Nadie tiene derecho moral a llamarse cristiano o judía si está dispuesto a cometer un crimen siguiendo las instrucciones de una determinada autoridad, o si se deja utilizar para iniciación o preparación de tal crimen, en cualquier forma posible.*

En febrero de 1929, poco antes de cumplir los cincuenta años, se expresó de forma más categórica: *En caso de guerra me negaría rotundamente a prestar cualquier servicio armado, directo o indirecto, y trataría de convencer a mis amigos de que adoptaran la misma postura, independientemente de lo que pudiera pensar sobre las causas de la guerra concreta.*

Su cumpleaños número cincuenta, el 14 de marzo de 1929, fue un acontecimiento mundial, en el que, sin embargo, Einstein no participó. Consciente de lo que iba a ocurrir, se escondió para huir de las atenciones de sus simpatizantes y de los periodistas. No obstante, se produjeron una serie de acontecimientos curiosos; por ejemplo, en tan señalado día llovieron telegramas, cables y toda clase de mensajes en su casa de Berlín y entre los numerosos visitantes se presentó un funcionario de Hacienda, no precisamente a llevarle algún regalo, sino a requerirle su declaración de impuestos. Cuando le dijeron que era el cumpleaños de ese gran personaje, se sintió avergonzado y se marchó de inmediato. Einstein dijo que éste era el mejor regalo que había recibido aquel día.

Era del conocimiento público que a Einstein le encantaba relajarse recorriendo en vela el río Havel y los lagos próximos a Berlín, disfrutando del calor del sol y de la soledad. Deseando complacerlo, las autoridades de Berlín decidieron, mediante votación, ofrecerle como regalo de cumpleaños una extensión de terreno y una casa a orillas del Havel. Por desgracia la casa estaba ocupada y no se podía disponer de ella. Otros dos intentos de cumplir la promesa tropezaron también con inconvenientes grotescos, y decidieron solicitar a Einstein que contribuyera a resolver el problema seleccionando un terreno que luego las autoridades de la ciudad comprarían para él. Elsa Einstein encontró un lugar precioso, rodeado de árboles, próximo al Havel, en la ciudad de Caputh, un poco más allá de Postdam. Las autoridades de Berlín dieron su aprobación, y por fin parecía que aquello se iba a solucionar felizmente. Pero el asunto del pago originó una controversia política que aprovecharon los grupos antisemitas para denostar a Einstein. Para entonces aquel regalo de cumpleaños había dejado de tener atractivo y Einstein puso punto final al problema declarando oficialmente su renuncia; mas no se quedó sin aquel terreno, pues utilizó sus ahorros para adquirirlo y levantar ahí una casa de verano. Los Einstein pasaron algunos veranos muy felices en Caputh, disfrutando del río y de su intimidad.

El invierno de 1930-1931, y el siguiente, lo pasaron en los Estados Unidos. Einstein acudió como profesor invitado al California Institute of Technology, en Pasadena, cuyo director era por entonces Milikan. En la primavera Einstein se incorporaba a su puesto en Berlín, y en el verano se marchaba a su retiro en Caputh. Pero, mientras tanto, habían sucedido acontecimientos dramáticos. En el otoño de 1929 se produjo el pánico en la bolsa de valores de Nueva York y aquello fue el comienzo de una depresión económica mundial, de efectos profundos y duraderos. Muchos perdieron sus empleos y los jóvenes no podían acceder al trabajo. La pobreza y la desesperación acechaban por todas partes, sobre todo en Alemania, donde la depresión fue el caldo de cultivo para toda clase de demagogos. Los industriales alemanes, temerosos ante una posible revolución comunista, apoyaron económicamente a los nazis, con la esperanza de poder controlarlos. En los Estados Unidos, por aquellas fechas, dos filántropos judíos, Louis Bamberger y su hermana Felix Fuld, ofrecieron una importante ayuda económica a Abraham Flexner, especialista en educación, para que realizara su sueño de crear un instituto de estudios superiores. Esta institución quería ser una comunidad de hombres destacados en el mundo de la ciencia, a los que se pagaría generosamente sin que tuvieran más obligación que dedicar todas sus energías al trabajo.

Einstein y el nazismo

Gracias en parte a la ayuda económica de los industriales alemanes, los nazis experimentaron un rápido crecimiento. En enero de 1933 Hitler era ya canciller de Alemania, y el 23 de marzo del mismo año obtenía poderes dictatoriales. La libertad de expresión y la libertad en general fueron barridas de Alemania, reemplazadas por el terror.

Mientras tanto, en la primavera de 1932, Einstein, como en ocasiones anteriores, había viajado a Oxford. Ahí, como lo había hecho antes en Pasadena, Flexner le expuso los planes sobre el Instituto de Estudios Superiores, pero en esta ocasión fue más audaz: le propuso hacerse miembro del Instituto. En 1927 Einstein había rechazado una oferta muy interesante de Veble, consistente en una cátedra en la Universidad de Princeton, aduciendo que tenía demasiados años para resistir un nuevo traslado. Ahora, viendo el giro que tomaban los acontecimientos en Alemania, Einstein parecía más dispuesto a escuchar las sugerencias de Flexner, aunque no quería abandonar a sus colegas alemanes.

En verano, Flexner se desplazó a Caputh para seguir estudiando esa posibilidad. Estaba muy interesado en obtener la colaboración de Einstein hasta el punto de proponerle que fijara él mismo su salario. Pocos días después Einstein le escribió sugiriendo lo que, teniendo en cuenta sus necesidades y su fama, consideraba una cifra razonable. Flexner se quedó atónito, pues en comparación con lo que era habitual en los medios académicos americanos, la propuesta de Einstein era demasiado baja, con lo que se creaba un problema, pues era probable que otros científicos, de menor prestigio que Einstein, no aceptaran trabajar por ese sueldo. Tras las debidas explicaciones, Einstein aceptó a regañadientes una cifra mucho más elevada, y dejó los detalles en manos de su esposa, quien era mucho más hábil que él en esta materia. Según el acuerdo, Einstein pasaría parte del año en el Instituto y el resto en Alemania. Pero antes tenía que cumplir su compromiso, previamente contraído, de pasar un tercer invierno como profesor invitado en Pasadena. En esta ocasión, cuando solicitó la visa, un grupo político femenino de la derecha radical protestó ante las autoridades, aduciendo que Einstein era un hombre de convicciones comunistas, a lo que él respondió en tono irónico: *Nunca había encontrado en el bello sexo una negativa tan firme a mis propuestas, o al menos nunca me había rechazado al mismo tiempo un grupo tan numeroso... Pero, ¿no estarán en lo cierto estas vigilantes ciudadanas? ¿Por qué abrir las puertas a un hombre que devora insensibles capitalistas con el mismo apetito con el que el Minotauro de Creta devoraba apetitosas doncellas griegas, y que, además, es tan perverso que condena todas las guerras, menos la guerra inevitable con la propia esposa? Escuchad, pues, a vuestras inteligentes y patrióticas mujeres y recordad que el Capitolio de la poderosa Roma se salvó en una ocasión gracias al cacareo de unas fieles ocas.*

En relación a sus opiniones sobre el comunismo ruso, hay que señalar que Einstein no era una persona capaz de aceptar lo que estaba entonces en boga entre ciertos intelectuales. En Einstein, la libertad intelectual fue una preocupación que lo acompañó a lo largo de su vida. En junio de 1932, al negarse a suscribir una declaración contra la guerra, escribió: *No puedo firmarla porque lleva implícita una apología de la Rusia soviética. Desde hace algún tiempo he intentado, por todos los medios, hacerme una idea exacta de lo que está ocurriendo en dicho país, y he llegado a algunas conclusiones poco agradables. En la cumbre, parece que hay una lucha personal en la que los hombres más viles son utilizados por personas hambrientas de poder y que actúan por motivos egoístas. En el fondo, parece que se ha llegado a una total supresión del individuo y de la libertad de expresión. Me pregunto qué valor puede tener la vida en tales condiciones.*

Debido en parte a los congresos Solavay, celebrados en Bruselas, había brotado una gran amistad entre Einstein y los reyes belgas, Alberto e Isabel. En una carta que escribió a su esposa Elsa, hablándole de la visita que les había hecho en 1930, se refleja esa cordialidad: *Me recibieron con una cordialidad exquisita. Son dos personas de una pureza y amabilidad excepcionales. Primero estuvimos hablando cerca de una hora. Luego, la reina y yo interpretamos cuartetos y tríos con una dama inglesa y una dama de honor melómana. Estuvimos así varias horas. Después, los acompañantes se marcharon y me quedé yo solo a cenar con el rey y la reina – comida vegetariana y sin criados: espinacas, huevos duros, papas, y punto. No sabían que yo iba a cenar con ellos –. Me marché muy satisfecho y estoy seguro de que ellos comparten ese mismo sentimiento.*

Cuando Hitler subió al poder, los Einstein estaban con su familia en Pasadena; él comprendió al momento que no podía volver a Alemania, y en marzo de 1933, en una dura declaración anunció públicamente su decisión de no regresar. Fue a Bélgica a un pequeño pueblo llamado *Le Coq-sur-Mer,* donde, por orden del rey, estuvo protegido algún tiempo, día y noche, por un grupo de guardaespaldas, pues había rumores de que los nazis pretendían atentar contra su vida.

Hasta su refugio le llegaron múltiples y muy generosas ofertas académicas en las mismas fechas en que los nazis confiscaban su cuenta bancaria y el contenido de la caja de seguridad de su esposa, así como su querida casa de Caputh. Las obras de Einstein formaron parte del gran acervo de libros que los nazis echaron al fuego. Al tachar de "judías" las teorías de Einstein, los nazis, en su furor antisemita, no se daban cuenta del gran halago que esto representaba para los judíos. Por un decreto del gobierno, los judíos se vieron obligados a abandonar sus puestos académicos, se les prohibió el ejercicio de muchas profesiones y se les acosó de múltiples maneras. Los alemanes que se atrevían a manifestarse en contra de los nazis corrían el peligro de ser encarcelados, torturados y ejecutados.

El 28 de marzo de 1933, Einstein renunció a la Academia Prusiana que, como sabría más tarde, había estado a punto de expulsarlo. Por segunda vez en su vida realizó gestiones para renunciar a la ciudadanía alemana, lo que de inmediato aceptó el gobierno nazi.

Cuando la Academia Prusiana, comenzó sus gestiones para expulsar a Einstein de su seno, había incluido entre sus cargos la acusación de que al visitar países extranjeros éste había puesto en circulación mentiras terribles sobre Alemania. Einstein negó los cargos en su propia renuncia, con lo que el proceso dejó de tener vigencia. En este fragmento de la carta de Einstein del 12 de abril de 1933 se refleja el tono de la correspondencia cruzada entre él y la Academia: *Ustedes han dicho que una manifestación por mi parte "en favor del pueblo alemán" habría producido un fuerte impacto en el extranjero. Debo responder que el testimonio que insinúan habría sido la negación de todas las ideas de justicia y de libertad que he defendido a lo largo de toda mi vida. Tal testimonio no sería, como ustedes dicen, "en favor del pueblo alemán"; por el contrario, sólo habría servido para defender la causa de los que intentan minar las ideas y principios que han conseguido para el pueblo alemán un lugar de honor en el mundo civilizado. El ofrecer este testimonio en las presentes circunstancias, habría contribuido, aunque sólo fuera de manera indirecta, a la corrupción moral y a la destrucción de todos los actuales valores culturales.*

En aquellos momentos angustiosos, muchos miembros de la Academia, dominados por el nacionalismo emocional, se dejaron contagiar por la fiebre antisemita y se pusieron en contra de Einstein por el simple hecho de ser judío. Laue no sucumbió al contagio, ni Nerst, ni Planck. De hecho, en una sesión plenaria de la Academia Prusiana, celebrada el 2 de mayo de 1933, varias semanas después de la dimisión de Einstein, Planck hizo una valiente declaración: *Creo que hablo en nombre de la mayoría abrumadora de los físicos alemanes al afirmar: Einstein no sólo es uno de nuestros muchos físicos de talla; es, además, el físico con cuyas obras, publicadas por nuestra Academia, la física ha experimentado un progreso cuya importancia sólo puede compararse con los avances logrados por Johannes Kepler e Isaac Newton.*

En circunstancias tan peligrosas, Planck se exponía al hacer una afirmación de este calibre. Por eso, su valor es mucho mayor. Podríamos decir que éste fue el mayor de los numerosos homenajes que Planck rindió a Einstein a lo largo de su vida. Pero Planck hablaba con la verdad, incluso bajo el dominio nazi. En una ocasión esta actitud molestó al propio Hitler, hasta el punto de decirle personalmente a Planck que sólo por su edad se veía libre de ir al campo de concentración.

En abril de 1933 Einstein se dio de baja en la Academia de Baviera, de la que era miembro honorario. En su carta decía: *Por lo que yo sé, las sociedades científicas de Alemania han permanecido pasivas y silenciosas mientras que un gran número de científicos, estudiantes y profesionales con preparación académica se han visto privados de su empleo y de sus medios de vida. No quiero pertenecer a una sociedad que se comporta de esa manera, aun cuando lo haga por coacción.*

En aquellas fechas todavía no se habían puesto en marcha los campos de exterminio, pero Einstein estaba ya horrorizado ante la tiranía nazi y ante el peligro que suponía para la civilización occidental una Alemania totalitaria, empeñada en el rearme y partidaria de la guerra. Durante toda su vida, Einstein se había declarado pacifista; recordemos especialmente sus rotundas declaraciones de 1928 y 1929, que no son más que un par de ejemplos entre las numerosas y tajantes manifestaciones que hizo en favor del pacifismo y de las organizaciones dedicadas a promover la paz en todo el mundo. Ahora, en *Le Coq-sur-Mer*, tenía que hacer frente a un gran dilema moral, y tras muchas cavilaciones optó por lo que le pareció el menor de los males. El 20 de julio de 1933, en respuesta a una invitación para hablar en favor de los objetores de conciencia belgas, dio a conocer su decisión: *Lo que voy a decir puede provocar sorpresas... imagínense a Bélgica ocupada por la Alemania actual. Las cosas serían mucho peor que en 1914, y entonces no fueron nada buenas. Por eso tengo que decir con toda franqueza: si yo fuera belga, y dadas las actuales circunstancias, no me negaría a prestar el servicio militar; por el contrario, entraría en el servicio con alegría y pensando que de esa manera contribuiría a salvar la civilización europea. Esto no quiere decir que esté renunciando al principio que siempre he defendido. Espero sinceramente que llegue el momento en que la negativa a realizar el servicio militar sea de nuevo un método eficaz de servir a la causa del progreso humano.*

Los pacifistas de todo el mundo quedaron consternados, Einstein se convirtió para ellos en una especie de apóstata; como si hubiese traicionado a su causa. Pero, como dijo él en 1935: *En momentos como éstos, todo debilitamiento de los países democráticos producido por la renuncia al servicio militar equivaldría a traicionar la causa de la civilización y de la humanidad.* A pesar de las amargas críticas de los pacifistas de todo el mundo, siguió expresando sus nuevos puntos de vista; otros famosos pacifistas, sobre todo Bertrand Russel, tuvieron que renunciar a su pacifismo en esos tiempos.

En junio de 1933 Einstein fue a Inglaterra, donde, en Oxford, pronunció la "Conferencia Herbert Spencer". En ella trató el método de la física teórica e insistió, con la sabiduría que le daban los años, en que *los conceptos y principios fundamentales en que se basa la física teórica son invenciones libres de la mente humana, y forman parte esencial de una teoría que la razón no puede alcanzar.* Tras ofrecer varias conferencias científicas, regresó a Le Coq, y a finales del verano de 1933 volvió a Inglaterra, donde permaneció en relativa soledad en Cromer, dejando pasar los días mientras trabajaba en sus cálculos. Poco después diría que el trabajo ideal para un físico teórico sería el de cuidador de un faro. Sus cartas desde Cromer demuestran que, al menos en su caso, eso era verdad: *Disfruto de una paz maravillosa; sólo ahora me doy cuenta de lo ajetreado que estoy habitualmente... me encanta la tranquilidad y la soledad que tengo aquí. Se puede pensar con más claridad y me encuentro incomparablemente mejor.*

Estando en Inglaterra habló en privado con personas muy importantes, Churchill entre ellas, y el tema que se trató fue el del peligroso rearme de Alemania. El 3 de octubre de 1933 habló en público, en una gigantesca manifestación celebrada en defensa de la creación de un comité constituido por hombres como Rutherford, y destinado a ayudar a científicos refugiados que procedían de la Alemania nazi. Éstos hechos marcan el final de su periodo europeo.

Con su esposa, su secretaria y su colaborador Walter Mayer, salió con dirección a los Estados Unidos, donde llegó

El 17 de octubre de 1933, Einstein llega a los Estados Unidos.

el 17 de octubre de 1933. Su llegada constituyó un gran acontecimiento. Casi de inmediato el presidente Roosevelt invitó a Einstein a pasar una noche en la Casa Blanca, y cuando se produjo el encuentro, en el mes de enero siguiente, Roosevelt y Einstein encontraron puntos comunes en su amor a la vela , de la que ambos podían hablar como verdaderos expertos; pero también hablaron del sombrío panorama que se cernía sobre Europa.

Flexner había elegido Princeton, Nueva Jersey, como el nuevo emplazamiento del Instituto de Estudios Superiores. Sin embargo, mientras terminaban las obras de los nuevos edificios, el Instituto se instaló en la Universidad de Princeton. Aquella pequeña ciudad universitaria se convirtió en el refugio de Einstein. Siguió hablando contra los nazis, pero no se tomaron precauciones especiales para garantizar su seguridad personal; deambulaba sin temor por las calles de la ciudad, encontrando que la población lo trataba con afecto. Su total falta de formalismo debió provocar cierta sorpresa, sin embargo también sirvió para ganarle simpatías. En este pacífico pueblo pasaría el resto de sus días.

Certeza e incertidumbre... ¿Dios juega a los dados?

Recordemos como Einstein, en la oficina de patentes, había aplicado la revolucionaria idea de los quanta de Plank a la teoría de la luz y a la teoría del calor interior. En el congreso Solvay de 1911, sobre todo gracias a los trabajos de Einstein sobre el calor, quedó claro que había que tomarse en serio el quántum y, como consecuencia, se vio también con claridad que eso era casi lo único que estaba claro. El quántum estaba en evidente conflicto con Newton y Maxwell, y no se veía la forma de conciliar lo nuevo con lo viejo. La ciencia estaba en una profunda crisis; más profunda de lo que se pensaba.

Entre los presentes en aquel congreso estaba el neozelandés Ernst Rutherford, el más destacado de los físicos atómicos de todo el mundo. Ya había recibido el Premio Nobel por los trabajos realizados en Canadá sobre la naturaleza de la radioactividad, y en ese entonces estaba en la Universidad de Manchester, donde había conseguido rodearse de un importante grupo de investigadores. Como buen pionero había disfrutado con las discusiones sobre el revolucionario quántum, que había atormentado a los participantes en el Congreso Solvay, y a su vuelta a Manchester expuso los argumentos con tal fuerza que Niels Bohr, físico danés, joven por entonces, recordó la escena hasta el fin de sus días.

A comienzos de 1919, Rutherford había propuesto la idea de que el átomo estaba formado por un núcleo diminuto rodeado de electrones, a la manera de los planetas en torno al sol: un sistema solar en miniatura, unido por fuerzas eléctricas, en vez de la gravedad. El trascendental descubrimiento del núcleo atómico fue más tarde verificado en forma experimental; pero su modelo del átomo tenía un defecto: según Maxwell, los electrones no podrían describir órbitas constantes, irradiarían su energía en forma de ondas electromagnéticas y describirían órbitas espirales que se irían acercando hacia el núcleo. No había esperanza alguna de que esas órbitas fueran estables, ni de que produjeran las nítidas líneas espectrales observadas en los espectroscopios.

En 1913, de vuelta a Dinamarca, Bohr acudió en auxilio de Rutherford. Einstein había puesto ya en tela de juicio a Maxwell y Bohr decidió hacerlo en forma todavía más radical, y con la misma arma: el quántum.

Lo que más interesaba a Bohr era demostrar que, por lo menos en teoría, el átomo de Rutherford no tenía por qué descomponerse. Pensemos por un momento en una persiana: cuando la bajamos, queda extendida una parte de la misma; un sistema interno de muescas impide que se recoja de nuevo, formando un apretado rodillo. En 1900, Planck había atribuido una especie de muescas cuánticas a ciertas oscilaciones, de tal manera que sus posibles energías eran análogas a una serie de pasos, en vez de una pendiente lisa y continua. Comprendiendo enseguida la posible importancia universal de estas muescas cuánticas, Einstein, en su teoría del calor interno, las había ampliado en 1906 a otras oscilaciones. Y ahora, a comienzos de 1913, Bohr atribuía las muescas cuánticas al átomo de Rutherford, lo que le daba un gran peso a la teoría y de hecho evitaba que se viniera abajo.

Desafiando las reglas de Maxwell, Bohr declaró rotundamente que los electrones no sólo permanecerían en órbitas fijas, sino que también seguirían en ellas sin emitir radiaciones. Luego, continuando por este camino heterodoxo, admitió únicamente órbitas de ciertos tamaños, negando todas las demás. Gracias a estos decretos, tenía ya un átomo, que era el mismo de Rutherford, pero dotado de muescas sólidas, por lo que no era posible que emitiera radiación, lo que en realidad sí sucedía. Pero Bohr tenía una respuesta: la luz se irradia o absorbe no cuando un electrón está en órbita, sino cuando realiza un "salto cuántico" de una a otra órbita. También decía que la frecuencia de la luz está relacionada con el ámbito de la energía del electrón por la regla cuántica de Planck, siendo la proporción *cambio de energía/frecuencia* igual a la *constante h* de Planck. También demostró que de estas reglas, en su forma matemática más detallada, se deducían resultados que estaban en concordancia con los experimentos. Por encima de todo, aunque sólo pudiera demostrarse más tarde, hizo gala de la seguridad de su intuición al negarse a decir lo que ocurría durante el salto cuántico de un electrón.

La teoría de Bohr sobre el átomo de Rutherford fue uno de los momentos cruciales de la física. Bohr se hizo en seguida famoso. Sin embargo, como él mismo comprendió, su teoría era el revoltijo de muchos conceptos clásicos y cuánticos, hasta tal punto, que varios científicos importantes la rechazaron por considerarla totalmente absurda. Refiriéndose a estos primeros momentos, Bohr escribía en 1958 que, *al margen del grupo de Manchester, mis ideas fueron recibidas con gran escepticismo.* De hecho, su teoría podría describirse como un gran absurdo, como un absurdo inspirado o como una maravilla de intuición. En verano de 1913, Einstein calificó esta teoría como "uno de los mayores descubrimientos", y señaló como especialmente digno de admiración el "enorme logro" de unir la luz con los saltos cuánticos de electrones, en vez de hacerlo con las oscilaciones, tal como se venía suponiendo en las teorías maxwelianas y cuánticas. En sus *Notas autobiográficas,* escritas treinta años más tarde, Einstein hablaba así de estos años de la posguerra: *Todos mis intentos fracasaron por completo. Era como si se me hubieran quitado la tierra por debajo de los pies y no hubiera ningún cimiento firme. Que esta base insegura y contradictoria bastase para permitir a un hombre de la sensibilidad e instinto de Bohr descubrir las grandes leyes de las líneas espectrales y de la estructura electrónica de los átomos, así como su importancia para la química, me parecía un hecho milagroso – y todavía me lo sigue pareciendo hoy –. Es la más elevada forma de musicalidad en la esfera del pensamiento.*

En 1900, cuando Planck dedujo su fórmula sobre la radiación del cuerpo negro, no pudo dejar de mezclar ideas cuánticas y maxwelianas, aunque estuvieran en conflicto. En 1916 Einstein dio un enfoque cuántico que evitaba básicamente los conceptos electromagnéticos maxwelianos. El éxito de la teoría de Bohr había demostrado que, en lo que se refiere a la energía interna, un átomo se parece a una serie de pasos o niveles. La existencia de estos niveles de energía atómica se había verificado mediante experimentación directa, y Einstein se dio cuenta de que, cualquiera que fuera el destino de la teoría de Bohr, con su mezcla de conceptos en conflicto, era probable que se mantuviera la existencia de niveles de energía. Para él, esto era una base segura, sobre la que se podía edificar con confianza. Mediante argumentos de probabilidad, y sin suponer siquiera la existencia de fotones, encontró una derivación "sorprendentemente sencilla" de la fórmula de Planck para la radiación del cuerpo negro. Averiguó más cosas: por ejemplo, una relación directa con una fórmula básica de la teoría de Bohr. Einstein no podía disimular su alegría al ver cómo todo parecía encajar a la perfección. Al publicar sus investigaciones escribía: *Se recomienda sólo por su sencillez y carácter general*, y no estaba exagerando. Einstein siempre reconoció la gran influencia de Bohr en el desarrollo de la física cuántica.

La idea básica es fácil de entender. Einstein consideró un gas de átomos, todos de la misma clase. Imaginemos que sólo tienen dos niveles de energía y hablemos de las partículas de luz, es decir, de los fotones desde el primer momento, aun cuando Einstein no tuviera que hacerlo así. Imaginemos también que todos los fotones tienen energías que corresponden con la diferencia existente en estos dos niveles. Cuando un átomo está en el nivel inferior, diremos que está "vacío", y cuando esté en el nivel inferior, diremos que está "lleno". Así, cuando un átomo vacío absorbe un fotón, éste pasa a estar lleno, y cuando un átomo lleno emite un fotón, pasa a estar vacío.

Siguiendo a Einstein, vamos a plantear tres reglas sencillas, dos ahora y otra más adelante. Las tres son análogos cuánticos de los correspondientes procesos maxwelianos. Un átomo vacío seguirá estando vacío mientras no encuentre un fotón. Un átomo lleno emite, tarde o temprano y en forma espontánea, su fotón, sin necesidad de un estímulo externo. Como carecemos de datos sobre los procesos internos de todo átomo, no podemos predecir cuándo emitirá su fotón. Así, pues, suponemos que si tenemos muchos átomos y fotones, las emisiones se producen al azar, y escribimos una fórmula de probabilidad para describir este azar. Éste es el tipo de fórmula estadística que Rutherford y otros utilizaron para referirse a la desintegración activa de los núcleos atómicos.

Hasta ahora tenemos dos procesos: átomos vacíos que absorben fotones cuando éstos llegan, y átomos llenos que emiten fotones espontáneamente y en momentos imprevisibles; este último proceso tiene el nombre técnico de *emisión espontánea.* Si queremos lograr el equilibrio entre la absorción y las emisiones, pero sólo utilizamos las dos reglas anteriores, no obtendremos la fórmula de Planck para la radiación del cuerpo negro. Einstein comprendió que para obtenerla necesitamos un tercer proceso: supongamos que un átomo lleno se encuentra con un fotón, y al estar lleno, el átomo no puede absorber otro fotón; habría que suponer que entonces no ocurre nada. Pero Einstein supuso que el átomo lleno intentaría, por así decirlo, absorber el fotón adicional, y como consecuencia de ello perdería los dos, quedándose vacío. Parece como si estuviéramos contando una fábula, pero este tercer proceso es de enorme importancia científica; se le llama *emisión estimulada,* y lo mencionamos aquí porque unos treinta o cuarenta años más tarde comenzó a encontrar aplicación práctica: es el principio básico del rayo láser, cuyas aplicaciones médicas e industriales son bien conocidas; además, posibilita la creación de un rayo de la muerte capaz de destruir a cualquier persona, tanque, avión y todo aquello a lo que se dirija. Esta poderosa arma, en caso de que llegue a producirse, tendría como base las investigaciones que Einstein realizó durante la Primera Guerra Mundial, por razones científicas y estéticas.

Hay otros aspectos de esta historia concreta, pero sólo mencionaremos uno: Einstein amplió su trabajo en un segundo artículo, y encontró razones poderosas para considerar los quanta de luz como partículas dotadas de energía e impulso, como las balas. De hecho, el comportamiento de los fotones como si fueran proyectiles se comprobó en varios experimentos realizados en 1923. Sin embargo, había pruebas muy fuertes en favor de las ondas luminosas, y todavía en 1922, año en que Bohr recibió el Premio Nobel, él y otros científicos se resistían a aceptar la idea de Einstein sobre las partículas de luz. En cierto sentido, Bohr no lo aceptó nunca.

Bohr y Einstein se conocieron en 1920, cuando el primero acudió como invitado a Berlín para dar una conferencia sobre su teoría del átomo. Casi desde el momento en que llegó a esa ciudad produjo una animada y estimulante discusión con Einstein, que ocupó todos los momentos libres de que dispuso Bohr durante su estancia. Esto fue lo que ocurrió en el primer encuentro de aquellos dos hombres; pues ambos sentían un gran respeto el uno al otro, y ambos estaban fascinados por los tremendos problemas que rodeaban a la física teórica. Después de la marcha de Bohr, Einstein le escribió una carta el 2 de mayo de 1920, donde le decía: *Pocas veces he sentido tanta alegría ante la mera presencia de otra persona. Ahora entiendo por qué Eherenfest le tiene tanto cariño.* A lo que Bohr respondió: *El poder conocerlo y hablarle fue una de las mayores experiencias de mi vida. No sabe el estímulo que supuso para mí poder oír sus puntos de vista... Jamás olvidaré nuestras discusiones mientras íbamos de Dahlem a su casa.*

En 1922 Bohr era ya una gloria nacional para Dinamarca. Era director de un instituto de Física Teórica especialmente creado para él en Copenhague y que se convertiría en el centro mundial de la teoría atómica. De muchos países acudieron jóvenes interesados en las nuevas teorías, al punto de que luego resultaría cierta la afirmación de que la lengua oficial del instituto era un inglés mal pronunciado.

En cuanto a Rutherford, era por entonces director —antes lo había sido Maxwell— del famoso laboratorio Cavendish, de la Universidad de Cambridge. Bohr, el teórico, y Rutherford, el experimentador, mantenían intensas relaciones, y bajo su inspirada dirección la física atómica realizó avances fabulosos.

Sin embargo, ya en 1922, la teoría de Bohr atravesaba graves dificultades. Todos, y Bohr más que nadie, habían comprendido que no era más que un recurso transitorio. Éste había ampliado ingeniosamente su alcance introduciendo un "principio de correspondencia" que le consiguió un nuevo apoyo de la corriente no cuántica de la física. Pero el principio de correspondencia tenía todos los indicios de una creación artificial. La teoría de Bohr parecía estar ya al límite de sus posibilidades, y como no se veía en el horizonte ninguna otra alternativa, los teóricos atómicos se encontraban en un estado de profunda frustración.

De repente, cuando nadie lo esperaba, saltaron por los aires las barreras que obstaculizaban el progreso. En unos años de actividad desconcertante se transformó la situación totalmente.

Cuando el físico francés Maurice de Broglie regresó del famoso Congreso Solvay de 1911, suscitó en su hermano menor, Louis de Broglie, un interés todavía mayor que el que Rutherford había provocado en el joven Bohr. Obsesionado por el enigma del quántum y por las pruebas contradictorias que presentaban a la luz como partículas y como ondas, Louis de Broglie desarrolló entre 1922 y 1924 una teoría aparentemente fantástica; según ella, la luz estaría formada por partículas acompañadas y dirigidas por ondas. Y lo que es todavía más importante, consideraba que los electrones y otras partículas de materia estaban también acompañados de ondas que irían a una velocidad superior a la de la luz. Esto era una afirmación muy arriesgada. De hecho, hubo que cambiar la interpretación que De Broglie presentaba de sus cálculos matemáticos. Sin embargo, gracias a sus ondas pudo ofrecer una representación gráfica de las órbitas de los electrones de Bohr.

Paul Languevin demostró su excepcional clarividencia al tomarse en serio las ideas de De Broglie, además de que habló de ello con Einstein, quien poco antes había estado ejercitando su poderosa intuición física. Había recibido un manuscrito de un físico indio, S. N. Bose, a quien Einstein no conocía, más para entender lo formulado por Bose, formulemos una sencilla pregunta: Si arrojamos al aire una moneda de cinco pesos y otra moneda de un peso, ¿qué probabilidades hay de que salga cara en ambos casos? Es un problema elemental de cálculo de probabilidades. Hay cuatro eventos posibles: cara-cara, cara-cruz, cruz-cara, cruz-cruz..., por esta razón, podríamos considerar que las probabilidades de que salga el evento cara-cara en una larga serie de tiradas son de uno sobre cuatro; sin embargo, esto no sería cierto si consideramos que hay dos eventos que, para fines prácticos, son iguales; esto es: cara-cruz, cruz-cara, con lo que las probabilidades de que aparezcan dos caras son de uno sobre tres. En la teoría de los quanta se manejaban ambas lógicas. Bose fundamentaba la idea de que, en las probabilidades aplicables a los quanta, se debía considerar la lógica del uno sobre cuatro, pues los eventos eran independientes.

Reconociendo la importancia de la idea de Bose, Einstein tradujo el manuscrito al alemán y lo dio a una revista científica para su publicación, pero amplió la idea de Bose aplicando su método de cálculo de probabilidades al caso de un gas compuesto de partículas de materia que no se pudieran distinguir entre sí. Por eso, cuando Einstein observó que De Broglie trataba también la luz y la materia de forma unificada, se puso de inmediato en actitud de alerta, aun cuando poco después comentara a Bohr que las ideas de De Broglie le parecían disparatadas; sin embargo, tenía la impresión de que eran importantes. En consecuencia, en el artículo de 1925 en que ampliaba las ideas de Bose, Einstein no sólo mencionó la idea de De Broglie sino que alabó públicamente sus investigaciones.

Einstein sabía que su opinión gozaba de gran prestigio científico, pero difícilmente podía imaginarse la rápida y espectacular repercusión que iban a tener sus palabras sobre De Broglie. A comienzos de 1926, el físico austriaco de la universidad de Zurich, Erwin Schöeringer, comenzó a difundir una teoría atómica muy atinada. A pesar de estar muy relacionada con las ecuaciones newtonianas trataba a la materia no como partículas, ni como partículas acompañadas de ondas, sino únicamente como ondas perfectamente continuas, propagadas no en el espacio ordinario, sino en espacios matemáticos abstractos que podían tener muchas dimensiones.

Mientras tanto, en junio de 1925, Werner Heisenberg, físico alemán de veinticinco años, había propuesto otra teoría atómica con perspectivas muy diferentes. Renunciaba a las órbitas de los electrones por considerarlas inobservables, y se negaba a describir en tales términos lo que ocurre en el mundo del átomo. Con un planteamiento austero y abstracto, encontró, en los datos ya conocidos sobre los espectros atómicos, razones para llegar a la siguiente conclusión: los teóricos del átomo, sin renunciar a las ecuaciones newtonianas, debían utilizar conceptos matemáticos como el que dice que X por Y no es igual a Y por X.

Afortunadamente, Heisenberg era auxiliar de Born en la Universidad de Gotinga, y Born tuvo la perspicacia necesaria para tomarse en serio la idea de Heisenberg. Born y su colaborador Pascual Jordan desarrollaron a fondo las concepciones de Heisenberg, y para el mes de noviembre entre los tres consiguieron dar forma definitiva a aquella teoría. Lo mismo había hecho por su cuenta, y todavía con mayor claridad, un joven físico inglés, Paul Dirac, en la Universidad de Cambridge. Él tenía veintitrés años.

En junio de 1923, Born realizó un progreso decisivo que le valió mucho después, el Premio Nobel. Reinterpretó la teoría de Schröedinger, provocando la indignación de éste. Siguiendo una pista ofrecida por Einstein, en un intento anterior de reconciliar ondas y partículas, Born propuso que las ondas de Schröedinger no eran, como éste pensaba, ondas de materia, eran, más bien, ondas de probabilidad asociadas con partículas de materia.

Los físicos de aquellos años se vieron inmersos en el torbellino de una revolución científica que estaba latente desde 1900. En 1927, inspirado una vez más por la forma en que Einstein había concebido la teoría restringida de la relatividad, Heisenberg enunció un principio de gran trascendencia que representaba de forma gráfica las extrañas implicaciones matemáticas de la mecánica cuántica.

Para ver, por ejemplo, un gato, debemos dejar que le dé la luz, es decir, debemos bombardearlo con quanta de luz, y estos fotones producen sacudidas. Cuando vemos los objetos de tamaño normal, las sacudidas son, por lo general, totalmente despreciables, pero no se puede decir lo mismo en el mundo del átomo. Pensemos, por ejemplo, en un electrón. Es demasiado pequeño para que podamos verlo. Pero si con la imaginación utilizamos luz para observarlo con claridad, tenemos que utilizar fotones que, relativamente hablando, inciden sobre él como pequeñas balas y lo sacuden en cantidades de amplitud desconocida. Heisenberg concluyó que, dadas estas inevitables sacudidas cuánticas vinculadas con la observación, no podemos saber con precisión y al mismo tiempo, dónde está una partícula y cómo se mueve. Cuanto más atentamente observemos su posición, peor podremos observar su movimiento y viceversa. Éste es, en términos muy generales, el principio de indeterminación de Heisenberg. Quizá nos parezca muy radical, pero veamos lo que se deduce de él.

Si en un momento determinado, no podemos saber con precisión la posición y la cantidad de movimiento de una partícula, carecemos de los elementos necesarios para predecir dónde estará más adelante. El futuro es, por tanto, indeterminado, y eso elimina la noción de causalidad. Esto resultaba mucho más demoledor que la teoría de la simultaneidad absoluta formulada por Einstein. Socava los cimientos de la ciencia tradicional. De hecho, si el futuro es indeterminado, podemos preguntarnos cómo existe eso que llamamos ciencia tradicional. Pero no todo es caos, pues sigue existiendo un resto de determinación, aunque no es probable que cause en nosotros una reacción inmediata de alivio y comprensión. He aquí una forma de describirlo: Entre las distintas observaciones, las ondas de probabilidad progresan de forma determinista. En consecuencia, podemos predecir las probabilidades. Y, en relación con los objetos normales de nuestra vista, estas probabilidades equivalen prácticamente a certezas, por lo que en los movimientos de los planetas, de los proyectiles y objetos semejantes, la indeterminación pasa inadvertida.

¿Qué opinaba Einstein de todo esto? Al parecer, no le seducía demasiado, pues iba contra todos sus instintos científicos. Desde el momento en que, siendo joven, había ampliado el artículo de Planck de 1900, había intentado por todos los medios ver un sentido físico en el quántum de luz que él mismo había introducido. Sólo podemos hacer cálculos sobre el número de intentos que realizó a lo largo de su vida. El problema estaba siempre dándole vueltas en la cabeza... ¿Cómo era posible que los fotones individuales se comportaran como partículas cuando chocaban con átomos y sin embargo se desplazaran con propiedades como las de las ondas, como si cada uno de ellos pudiera estar en muchos lugares al mismo tiempo? De Broglie había complicado el enigma de la onda-partícula no sólo a la luz, sino también a la materia, con lo que su presencia alcanzaba a toda la física. Esto sí que lo aceptaba Einstein. La omnipresencia es de por sí una forma de unidad. Bohr había llegado a la conclusión de que debemos acostumbrarnos a considerar la onda y la partícula como imágenes complementarias. Pero el instinto de Einstein se rebelaba ante esta perspectiva. El 12 de diciembre de 1951, ya cerca del final de su vida, escribió estas palabras a su viejo amigo Michele Besso: *Estos cincuenta años de reflexión no me han permitido acercarme más a la respuesta de la pregunta ¿qué son los quanta de luz? Hoy día todo hijo de vecino se imagina que sabe, pero se equivoca.*

Einstein había participado intensamente en el combate por llegar a la interpretación de la nueva mecánica cuántica. Había discutido desde el primer momento con Bohr sobre la interpretación probabilística de la teoría de Schröedinger. Sin embargo, su principal antagonista siempre fue Bohr.

A finales de 1927, en el quinto Congreso Solvay, el enfrentamiento fue muy patente. Bohr y Heisenberg decían que la indeterminación era inevitable, que dada la ausencia de una causalidad estricta, lo más que se podía lograr eran las probabilidades. Bohr estaba de acuerdo, pero Einstein no; no quería aceptar lo que iba en contra de su propio instinto. Estaba convencido de que esa teoría era incompleta, por lo que presentó una serie de ingeniosos argumentos para confirmar sus puntos de vista. Nunca se había visto la mecánica cuántica sometida a un ataque tan formidable y penetrante. Pero Bohr y sus aliados, a pesar de estar acosados, se mantuvieron en sus posiciones, precisaron sus conceptos en medio de la batalla, rechazaron una a una las objeciones de Einstein y éste, a pesar de todo su talento e ingenio, tuvo que declararse en retirada. Era imposible evitar la perturbación incognoscible de la observación. Cada una de las nuevas tácticas que Einstein proponía para medir una perturbación implicaba una nueva observación con una perturbación propia. Para medir esta nueva perturbación hacía falta una nueva observación que también resultaba perturbadora, y así sucesivamente, en una cadena, lo cual no permitía esperanza alguna de victoria. Finalmente, el indeterminismo había resistido el ataque de Einstein. Después del congreso, Bohr y Einstein siguieron discutiendo en casa de Ehrenfest, y éste, que sentía un enorme cariño tanto por Einstein como por Bohr, sufría al ver como uno de sus ídolos se negaba a aceptar la nueva interpretación de Copenhague. Pocos meses más tarde, en mayo de 1928, Einstein escribió a Schröedinger y, entre otras cosas, le decía: *La tranquilizadora filosofía –¿o religión?– de Heinsenberg-Bohr está tan ingeniosamente concebida que, de momento, constituye para el verdadero creyente una suave almohada en la que puede dormir plácidamente el sueño del que no va a ser fácil despertarle.*

En 1930, el sexto Congreso Solvay, y el último en el que se contó con la participación de Einstein, éste presentó una nueva propuesta para evitar el principio de indeterminación de Heisenberg. Esta vez Bohr se tambaleó. El argumento parecía irrefutable y no veía en él ningún punto débil. Pero si no lo había, era necesario concluir que toda la teoría cuántica, que por entonces parecía más acertada que nunca, debía tener algún defecto fundamental. Bohr no lo podía admitir, y sin embargo el argumento de Einstein estaba ante él, implacable, exigiéndole su rendición, y luchó contra aquella rendición encontrando lo siguiente: el argumento de Einstein no valía por el propio principio de Einstein relativo a la equivalencia, y por tanto por la propia teoría de la relatividad. Esta salida fue en verdad ingeniosa, tanto que Einstein se vio obligado a aceptar la derrota y validar el principio de indeterminación de Heisenberg, aunque eso fue sólo por el momento.

En 1933, estando en Bélgica, poco antes de marcharse para siempre de Europa, mencionó una nueva idea, misma que dos años más tarde publicó con sus colaboradores Boris

Podolsky y Natahan Rosen del Instituto de Estudios Superiores. La clave del argumento es la siguiente: si el principio de Heisenberg es correcto, entonces la teoría cuántica es incompleta.

En la larga batalla de Einstein sobre la interpretación de la mecánica cuántica, se repetía con frecuencia el mismo tema, que era su reticencia instintiva a la idea de un universo probabilista, en el que la conducta de los átomos dependiera del azar. Como solía hacer cuando se enfrentaba a los grandes problemas de la ciencia, intentaba ver las cosas desde el punto de vista de Dios: ¿era probable que Dios hubiera creado un universo probabilista?..., Einstein estaba convencido de que la respuesta debiera ser negativa. Si Dios era capaz de crear un universo en el que los científicos podían observar las leyes, Dios también era capaz de crear un universo totalmente dirigido por tales leyes. No habría un universo en el que tuviera que realizar en todo momento elecciones aleatorias en relación con el comportamiento de cada partícula individual. Era cuestión de fe, de sentimiento o de intuición. Quizá parezca una intuición ingenua, pero estaba muy arraigada, y la intuición de Einstein, aunque no infalible, le había sido de gran utilidad. Toda ciencia se basa en la fe, rebasando en muchos momentos la fría lógica.

Einstein resumió su intuición sobre la teoría cuántica en la famosa frase: *Gott würfelt nicht,* misma que es conocida en español como "Dios no juega a los dados". En una carta de 1945, Einstein define su religiosidad: *Siempre conduce al error utilizar conceptos antropomórficos para referirse a realidades ajenas a la esfera humana; sólo son analogías infantiles... Debemos admirar humildemente la bella estructura de este mundo en la medida en que podamos comprenderlo, eso es todo.* Y en una carta de 1953, Einstein explica que al hablar de un Dios que no juega a los dados no se refería *...ni a Yahvé ni a Júpiter, sino al Dios inmanente de Spinoza.* Al parecer, de estas expresiones se deduce que la armonía del universo caería por tierra si Dios "jugara a los dados". Cuando un hombre como Einstein utiliza un argumento en física, le concede una gran importancia, aun cuando lo exprese en forma de metáfora. A pesar de sus muchas afirmaciones, no sabemos qué quería decir con la palabra Dios, pero seguramente se deduce por la pasión de Einstein por la belleza y por lo maravilloso, pero también con esa sensación intuitiva de comunión con el universo que fue el sello de su genio.

Entre la ciencia y la conciencia: La fisión nuclear

Mientras el mundo académico se enfrascaba en polémicas en las que se llegaba a las máximas abstracciones, la realidad política se estaba convirtiendo en algo demasiado concreto, correspondiente a los imperativos de la guerra. En 1919, estando todavía en Manchester, Rutherford había descubierto que si se producía una fuerte colisión entre núcleos de helio y nitrógeno, éstos podían transformarse en núcleos de hidrógeno y oxígeno, lo que se identificaba con la transmutación de núcleos no radiactivos. El descubrimiento era muy importante, aunque parecía más bien inofensivo. Se producía a escala microscópica y sobre átomos individuales, por lo que atrajo menos la atención del público que otro importante descubrimiento ocurrido en 1919: la verificación de la teoría general de la relatividad de Einstein, mediante las observaciones efectuadas en el eclipse observado por Eddington.

Al pasar de los años, el descubrimiento de Rutherford adquirió nuevas dimensiones. Se comprobó que eran trasmutables otros núcleos atómicos que hasta entonces se consideraban estables. En 1932, en el laboratorio Cavendish, de Cambridge, cuyo director era Rutherford, ciertas transmutaciones nucleares individuales permitieron la primera verificación clara de la fórmula $E=mc^2$, un cuarto de siglo después que Einstein la propusiera en 1907. En 1933 se realizó una verificación todavía más concluyente, pues en este caso la masa se convirtió toda ella —y no sólo parte de la misma— en energía.

No cabía duda de que la intuición de Einstein era válida, y que la masa resultaba ser un enorme depósito de energía. No extraemos demasiada energía cuando quemamos un pedazo de carbón, y si el puñado es de arena, no podemos ni quemarlo. Sin embargo, en unos cien gramos de carbón, o de arena, o de cualquier otra cosa, hay energía equivalente a la que se puede obtener quemando varios cientos de miles de toneladas de carbón. ¿Podría utilizarse esta reserva de energía para fines prácticos? Es interesante que tanto Rutherford como Einstein respondieran negativamente. La extracción de energía de la masa nuclear suponía un inmenso despilfarro, y para conseguirlo habría que desperdiciar mucha más energía que la extraída.

Sin embargo, en 1932, el mismo año en que se confirmó la fórmula $E=mc^2$, las transmutaciones nucleares estudiadas en Alemania y Francia habían llevado a James Chadwick, del laboratorio Cavendish, al descubrimiento del neutrón, partícula eléctricamente neutra con una masa semejante a la de un núcleo de hidrógeno. Con el descubrimiento del neutrón, la situación cambió radicalmente, aunque nadie se dio cuenta de ello. Sólo hubo una excepción: Szilard, antiguo alumno de Einstein, refugiado por entonces en Inglaterra, captó con sorprendente clarividencia lo que significaba el neutrón. Estos acontecimientos se produjeron en 1932 y 1933, coincidiendo aproximadamente con la subida al poder de Hitler y con la huida de muchos científicos de Alemania. Schröedinger, por ejemplo, a pesar de no ser judío, renunció a la cátedra de Berlín para instalarse en Dublín, mientras que Bohr se trasladaba a Gotinga, en Edimburgo. Alemania experimentó una considerable fuga de cerebros.

En 1934, en la Italia fascista, Enrico Fermi y su equipo de la Universidad de Roma concibieron la idea de bombardear núcleos atómicos con neutrones. Éstos, al ser eléctricamente neutros, podían aproximarse a los núcleos sin ser repelidos por la electricidad. Los resultados obtenidos, que valieron a Fermi ganar el Premio Nobel, aparentemente no tenían tampoco una aplicación práctica; pero el experimento consistió en la desintegración de núcleos de uranio, lo que más tarde, como todos sabemos, adquirió una deplorable aplicación práctica.

Mientras tanto, iban en ascenso las tensiones políticas; la Alemania nazi se estaba rearmando mientras que las democracias se limitaban a observar, aparentemente paralizadas. En marzo de 1936, cuando todavía no estaban preparadas para la guerra, los nazis invadieron Renania, una provincia de Prusia, sin encontrar ninguna resistencia. Ese mismo año Bohr propuso una teoría de los núcleos atómicos en la cual se hacía ver que tenían muchas de las características de las gotas de un líquido. Y mientras tanto, en Berlín, en el Instituto *Kaiser Wilhelm,* con el que Einstein había estado asociado anteriormente, los químicos alemanes Otto Hahn y Fritz Strassmann, y la física austriaca Lisa Meitner venían repitiendo el bombardeo de neutrones de uranio, tal como lo había hecho Fermi, y buscando por todos los medios químicos posibles si habían encontrado un nuevo elemento o no.

En marzo de 1938 los nazis se apoderaron de Austria mediante amenazas militares, pero sin disparar un solo tiro. Lisa Meitner, que era judía, se encontraba en evidente peligro, sólo el hecho de ser extranjera la había salvado hasta entonces de las terribles leyes antisemitas de la Alemania nazi. Ahora que Austria, su tierra natal, era parte de Alemania, ya no era extranjera, y no le quedaba más remedio que huir. Con la ayuda de Bohr pudo refugiarse en el Instituto Nobel de Suecia, donde volvió a ser extranjera, pero en el que se encontró a salvo.

En septiembre de 1938 se produjo el pacto de Munich, acto estéril de apaciguamiento; llevadas por su interés de evitar la guerra con Alemania a cualquier precio, y quizá de empujar a Hitler a un enfrentamiento armado contra Rusia, las desmoralizadoras democracias europeas traicionaron a su aliada Checoslovaquia y la dejaron prácticamente en manos de los dictadores; en Inglaterra se alzó la protesta de Churchill, pero en esos momentos él no tenía mayor poder.

Ese mismo mes de septiembre, Mussolini quiso emular a Hitler e introdujo leyes antisemitas en Italia, donde hasta entonces no había habido prácticamente oposición a los judíos. Entonces, el propio Fermi empezó a hacer planes para dejar su país, dado que no estaba de acuerdo con la dictadura fascista y, además, su esposa era judía.

En noviembre de 1938, en una semana de violencia y terror organizados, los nazis declararon la guerra a los judíos de Alemania. En diciembre Fermi fue a Suecia con su familia para recibir el Premio Nobel y de ahí se marchó a América, donde lo estaba esperando una cátedra en la Universidad de Columbia, en la ciudad de Nueva York. Cuando faltaba menos de un año para el inicio formal de la Segunda Guerra Mundial, los descubrimientos de Fermi comenzaron a tomar una forma práctica. Poco antes de la Navidad de 1938, Hahn y Strassmann publicaron un trabajo técnico en el que demostraban que cuando se bombardean núcleos de uranio con neutrones relativamente lentos, aquellos pueden emitir núcleos de bario que sólo tienen la mitad de la masa de los de uranio. Los núcleos de uranio podían desintegrarse, lo que desde la física tradicional era impensable. Hahn, desconcertado, informó de los detalles a Lise Meitner, quien estudió el fenómeno junto con su sobrino Otto Frish, y basándose en la idea de Bohr de que los núcleos se comportaban como gotas de líquido, resolvieron el problema en pocos días. Dadas las poderosas fuerzas de repulsión eléctrica existentes dentro de un núcleo de uranio, éste podía, en cuanto se agota, estar tan próximo al límite de la inestabilidad que la entrada de un sólo neutrón podía ser motivo de que se desintegrara en dos núcleos más pequeños. Pero lo que resultaba particularmente interesante era la repulsión eléctrica entre los núcleos, lo que daba lugar a violento desplazamiento de energía. ¿De dónde procedía una energía tan violenta? La respuesta era la famosa propuesta de Einstein: $E=mc^2$. Sin la masa que pertenecía a la energía del movimiento violento, la masa combinada de los dos núcleos más pequeños resultantes sería significativamente menor que la del neutrón y la del núcleo de uranio original. Si la masa que faltaba reaparecía en forma de energía de movimiento, todo estaba claro. Los núcleos de uranio se habían desintegrado en dos mitades casi iguales, proceso que Meitner y Frish llamaron *fisión*. Pero todavía más espectacular era la predicción de que la fisión era acompañada de una liberación de energía que, a escala atómica, era asombrosa.

Los acontecimientos se precipitaron. En Copenhague, Frisch hizo el experimento decisivo que confirmó la existencia de la prevista explosión de energía. Pero antes de ello había informado de aquella teoría a Bohr, quien estaba a punto de marcharse a pasar una temporada en el Instituto de Estudios Superiores de Princeton. Bohr informó a los científicos americanos la sensacional noticia, en el mes de enero de 1939. La fisión del uranio se confirmó en varios lugares de los Estados Unidos incluso antes de que se publicara el experimento de Frisch. Fermi fue uno de los primeros en darse cuenta de que entre los fragmentos de un núcleo de uranio desintegrado podía haber más neutrones. En este caso, como había previsto Szilard seis años antes, estos neutrones podían producir nuevas desintegraciones de uranio y habría una remota posibilidad de que el proceso se convirtiera en una reacción en cadena, produciendo un desbordamiento de energía que tendría las dimensiones de un verdadero cataclismo.

A finales de marzo de 1939, con una Checoslovaquia dominada y una Polonia amenazada, los ingleses y franceses decidieron mantenerse firmes, declarando que si Polonia era atacada por Alemania acudirían en defensa de su aliado. Pero la firmeza llegaba demasiado tarde para salvar al mundo de su precipitada marcha hacia la tragedia. Mientras tanto, Fermi, Szilard y otros profesores de la Universidad de Columbia habían dado un nuevo paso hacia la bomba atómica, al confirmar que en la fisión del uranio se producen neutrones.

Sin embargo, nadie podía saber todavía si era posible hacer una bomba atómica. Todo parecía estar en contra de tal posibilidad. Pero entre los físicos extranjeros que vivían en los Estados Unidos, muchos de ellos refugiados del totalitarismo, la tensión iba en aumento. Ellos se daban perfecta cuenta de lo que ocurriría en la civilización si las dictaduras ganaban la carrera de la bomba atómica. La situación sería también mala aun en el caso de que las democracias ganaran la guerra. Pero era un riesgo que había que correr, y en abril Fermi intentó poner en antecedentes a la Marina de los Estados Unidos.

Movido por presagios cada vez más negros, Szilard consiguió la ayuda de su amigo Eugene Wigner, húngaro de nacimiento y profesor de física teórica en la Universidad de Princeton. A mediados de junio fueron a ver a Einstein, quien estaba de vacaciones en Long Island, disfrutando de su barco de vela y al parecer ajeno a la posibilidad de una reacción nuclear en cadena. Ellos le hablaron a Einstein acerca del peligro de la reacción nuclear y le pidieron que usara su influencia con la Reina Madre de Bélgica, para evitar que los nazis tuvieran acceso a uno de los yacimientos más importantes de uranio en el mundo, que se encontraba precisamente en el Congo Belga. Pero los hechos siguieron pronto un rumbo muy distinto, en parte porque el infatigable Szilard había estado en contacto con un economista muy influyente, Alexander Sachs, quien le propuso algo mucho más ambicioso: llegar directamente al presidente Roosevelt. En una nueva visita a Einstein, se redactó y firmó una carta dirigida al presidente, fechada en 2 de agosto de 1939, la que decía, entre otras cosas:

Ciertos trabajos realizados recientemente por E. Fermi y L. Szilard, de los que tengo información manuscrita, me hacen pensar que el uranio puede convertirse en una nueva e importante fuente de energía en un futuro inmediato. Algunos aspectos de la situación parecen merecedores de atención y, si fuera necesario, de una intervención rápida por parte de la Administración. Creo mi deber llamarle la atención sobre los siguientes datos: Es posible pensar en la construcción de nuevas bombas con una potencia muy superior a las actuales. Una sola de estas nuevas bombas, trasladada en barco o explotada en un puerto podría destruir sin problemas todo el puerto, y parte del territorio circundante. Sin embargo, es posible que estas bombas sean demasiado pesadas para ser transportadas en avión... Tengo entendido que Alemania ha suspendido la venta de uranio de las minas de Checoslovaquia, que ahora están en sus manos. La explicación de esta medida puede ser que el hijo del subsecretario de Estado alemán, Von Weizsäcker, trabaja en el Instituto Kaiser Wilhelm, en Berlín, donde se están realizando en la actualidad pruebas con uranio.

Es dudoso que Einstein hubiera llegado a firmar esta carta si su pacifismo no se hubiera visto mitigado ante la contemplación de un mal que para él era peor que la guerra. Cabría esperar que la carta, con la firma de Einstein, tuviera una repercusión sensacional. Sin embargo, no causó el efecto que se esperaba.

La Alemania nazi y la Rusia soviética venían proclamando desde hacía tiempo su odio mutuo, y a finales de agosto de 1939 sorprendieron al mundo con un pacto de no agresión, gracias al cual Alemania pudo atacar a Polonia el 1° de septiembre, con lo que comenzaba oficialmente la Segunda Guerra Mundial.

La carta del 2 de agosto no había llegado todavía a Roosevelt. Sachs no la entregó sino hasta el 2 de octubre de 1939, tres semanas después de que los nazis derrotaran a Polonia. Inmediatamente Roosevelt creó un consejo asesor sobre el uranio que tuvo un comienzo prometedor, pero en marzo de 1940 había conseguido tan pocos resultados que Szilard y Sachs pidieron a Einstein que escribiera una nueva carta que pudiera ser presentada a Roosevelt. Así, pues, el 7 de marzo, con ayuda de Sachs, Einstein escribió una segunda carta que al menos fue más urgente que la primera. Roosevelt la recibió a los pocos días, y en abril Einstein fue invitado a asistir a una reunión del comité. El 25 de abril de 1940 escribió al presidente declinando la invitación, pero subrayando la necesidad de actuar con urgencia.

En mayo de 1940 los nazis invadieron Holanda y Bélgica, y para el 22 de junio habían conseguido la rendición de Francia. Luego vino la batalla de Inglaterra, que transcurrió en el aire y en la que los ingleses consiguieron imponerse por un mínimo margen, pero de momento se contuvo el avance victorioso de los nazis. Entonces, Alemania se volvió hacia el Este, y el 22 de junio de 1941, a pesar del pacto de no agresión, invadió Rusia. En esos momentos el proyecto del uranio seguía en un punto muerto.

En febrero de 1939, Bohr, trabajando en Princeton con el físico americano John Wheeler, había previsto, basándose en su teoría de la gota líquida, que la desintegración no se podía realizar con todo el uranio, sino únicamente con una modalidad del mismo, y muy escasa por cierto. Esta predicción, poco aceptada por entonces, se había verificado en los años transcurridos desde entonces. La consecuencia era doble: una bomba fabricada con este uranio tendría grandes probabilidades de funcionar, y, dada la dificultad de extraer este uranio, la construcción de la bomba requería un complejo industrial de proporciones colosales.

En Inglaterra, a comienzos de 1940, Frisch, sobrino de Meiner, de quien ya hemos hablado, y Rudolf Pierls, otro refugiado de Alemania nazi, habían puesto ya en alerta a los ingleses ante la posibilidad de construir una bomba de estas características. Basándose en el trabajo de Bohr y Wheeler habían calculado la cantidad aproximada —sorprendentemente pequeña— de uranio que haría falta para provocar una explosión de grandes dimensiones. Su obra cambió la inicial actitud de escepticismo de los ingleses y consiguió que Inglaterra obtuviera ciertos logros que influyeron luego en importantes decisiones de Estados Unidos. Por eso, dado el inicial retraso americano, es posible que, incluso, aun cuando Einstein no hubiera escrito sus cartas de 1939 y de comienzos de 1940, Estados Unidos hubiera construido la bomba precisamente en el mismo tiempo en que lo hizo. Efectivamente, la decisión definitiva de lanzarse a fondo a su fabricación no se produjo hasta el 6 de diciembre de 1941.

La mañana siguiente fue un día histórico: en el Pacífico, los japoneses, totalmente al margen de la decisión, atacaron Pearl Harbor.

El resto del relato de la guerra y de la bomba se ha repetido tantas veces que no hace falta volver sobre ello. Mientras los ejércitos se enfrentaban en el campo de batalla, y millones de personas indefensas, judíos y no judíos, eran torturados y asesinados en los campos de concentración, un grupo de científicos ingleses, americanos y refugiados, temerosos de que los alemanes consiguieran el monopolio de las armas nucleares, unieron sus esfuerzos a los de los Estados Unidos para agilizar la construcción de la bomba. El 2 de diciembre de 1942, Fermi, al frente de un equipo de científicos, produjo en Chicago la primera reacción nuclear autónoma en cadena, que fue la primera combustión nuclear producida por el hombre. En 1943 Bohr, que tenía sangre judía, tuvo que marcharse de Dinamarca para huir de los nazis que habían decidido su detención y deportación de Alemania. Tras un penoso peregrinar, Bohr llegó a Inglaterra y de ahí se trasladó a los Estados Unidos, ubicándose en Los Alamos donde J. Robert Oppenheimer dirigía un grupo cuya complicada misión era concebir la bomba atómica.

Bohr fue uno de los primeros en intuir las terribles consecuencias que podría tener la fabricación de aquella bomba. En 1944 habló con Roosevelt y Churchill sobre los posibles problemas políticos de un arma de este tipo, pero los resultados de esta plática no fueron demasiado positivos. De hecho, hubo un momento en que Churchill, pensando equivocadamente que Bohr estaba pasando información a los Rusos, habló seriamente de hacerlo detener. Szilard previó también los peligros a que se enfrentaba la humanidad. Como no tenía la misma influencia de Bohr, habló directamente con Einstein, y el 25 de marzo de 1945, éste escribió a Szilard una carta de presentación para Roosevelt. Con esta garantía Szilard podría presentar al presidente un informe detallado.

Así lo hizo, pero no a Roosevelt, pues éste murió el 12 de abril. Si hubiera vivido unas semanas más, habría tenido conocimiento del suicidio de Hitler, cuyos sueños de conquista mundial se habían reducido a cenizas.

Cuando cayó Alemania, los investigadores comprobaron que los nazis no habían realizado demasiados progresos nucleares. Pero en América los planes habían avanzado demasiado como para detenerse, y el 16 de julio de 1945 se hizo una prueba en la zona desértica de Nuevo México, produciendo el primero de los hongos atómicos que han ensombrecido a la humanidad.

Ya hemos mencionado las cartas en las que Einstein hablaba sobre la posibilidad de la bomba y que escribió durante la Segunda Guerra Mundial a la Marina de los Estados Unidos. Además, en noviembre de 1943, aceptó gustoso colaborar con dos de los manuscritos de sus artículos en una campaña para obtener fondos con destino a la guerra. Uno de los manuscritos solicitados era el de su famoso artículo sobre la relatividad, escrito en Berna en 1905. Pero en aquellos días lejanos, Einstein no tenía costumbre de guardar sus manuscritos una vez que aparecían publicados. Decidió, pues, ofrecer lo más parecido al manuscrito original. Escribió el artículo de nuevo, copiándolo mientras su secretaria se lo leía en el original impreso. En un determinado momento levantó la vista diciendo "¿Esto escribí yo?", y cuando se lo confirmaron, dijo: *Podría haberlo hecho con muchas menos complicaciones.* Cuando el 3 de febrero de 1944 se presentó a subasta dicho documento, se pagaron por él seis millones de dólares, los cuales fueron destinados al financiamiento de la guerra. El otro manuscrito, el de un artículo todavía no publicado, se vendió en cinco millones y medio. Ambos documentos están ahora en la Biblioteca del Congreso de Estados Unidos. En cuanto al manuscrito de la teoría general de la relatividad, se encuentra en la Universidad Hebrea de Jerusalén.

Pero, por muchas divagaciones que hagamos, tenemos que dar cuenta de un hecho trascendental: el 6 de agosto de 1945 se lanzó una bomba atómica sobre Hiroshima.

El final del tiempo

Con su llegada a Princeton, Einstein entró en la fase final de su vida, y es entonces cuando comienza a configurarse la parte filosófica de su personalidad, como se revela en esta carta, leída durante la celebración del cumpleaños sesenta de Planck:

Creo, con Shopenhauer, que uno de los motivos más fuertes que llevan al hombre al arte y a la ciencia es la huida de la vida cotidiana, con su dolorosa brutalidad y su desesperada monotonía, de la esclavitud a los propios deseos, en continuo cambio. Una persona de buen carácter desea huir de la vida subjetiva al mundo de la percepción y del pensamiento objetivo; este deseo se puede comparar con la nostalgia que impulsa al hombre urbano a cambiar su entorno bullicioso y estrecho por las altas montañas, donde la vista divaga libremente por el aire puro y tranquilo, y localiza complacida los contornos tranquilos, que parecen construidos para toda la eternidad.

Junto a este motivo negativo hay otro positivo, el hombre intenta hacerse, en la forma más convincente, una imagen simplificada e inteligible del mundo: intenta, por tanto sustituir con este cosmos suyo el mundo de la experiencia para así superarlo. Esto es lo que hacen el pintor, el poeta, el filósofo especulativo y el científico, cada uno a su manera. Todos ellos hacen de este cosmos y de su construcción el eje de su vida emocional, para encontrar así la paz y la seguridad que no pueden hallar en el mundo, demasiado estrecho, de la turbulenta experiencia personal.

La tarea suprema del físico es llegar a las leyes universales y elementales a partir de las cuales se pueda construir el cosmos por pura deducción. No hay un sistema lógico para llegar a esas leyes;

sólo la intuición, basada en una inteligencia comprensiva, nos permite acercarnos a ellas... El deseo de contemplar la armonía cósmica es la fuente de la perseverancia e inagotable paciencia con la que Planck se ha consagrado a los problemas más generales de nuestra ciencia. El estado mental que permite a un hombre realizar un trabajo de esta naturaleza es semejante al del creyente o al del amante; el esfuerzo cotidiano no procede de un programa o de una intención deliberada, brota directamente del corazón.

En 1921 Einstein había escrito a un amigo: *El descubrimiento de gran envergadura es propio de los jóvenes, y, por tanto, en mi caso, algo ya pasado.* Sin embargo, ya sabemos el gran papel que jugó en el desarrollo de la mecánica cuántica y la teoría de la relatividad.

Ya hemos mencionado la carta del 2 de agosto de 1939 en la que Einstein informaba a Roosevelt sobre la posibilidad de conseguir una bomba de Uranio; una semana más tarde, el 9 de agosto, Einstein escribe preocupado a Schröedinger. No le habla de la bomba, sino de otro problema inquietante, de la interpretación de la mecánica cuántica. Tras felicitar a Schröerdinger por su argumento sobre el gato sumido en una especie de limbo cuántico, ni del todo vivo ni del todo muerto, Einstein habla de "el místico" —refiriéndose a Bohr— que rechaza, por poco científica, la investigación de algo que existe independientemente de si es o no observado, es decir, el problema de si el gato está o no vivo en un instante concreto, antes de realizar la observación. En esta carta, Einstein dice estar más convencido que nunca de que la mecánica cuántica constituye una descripción incompleta de la realidad. Poco antes de terminar, hace la siguiente afirmación, que parece referirse no sólo a los problemas del quántum, sino también a sus esperanzas de resolverlos mediante una teoría del campo unificado: *Te escribo, no porque tenga esperanzas de convencerte, sino con la única intención de exponerte mi punto de vista, que me ha condenado a una profunda soledad.*

Tres días más tarde, Einstein escribió a la reina madre de Bélgica; tampoco le hablaba del uranio, sino de su añoranza de Europa, del placer que sentía en su barco de vela o con la música de cámara, además de las ventajas de la soledad.

En 1935, la familia Einstein pasó una breve temporada en las Bermudas, como condición para volver a los Estados Unidos con visados permanentes. El 22 de junio de 1940, tras la inevitable espera de cinco años, Einstein, su hija Margot y su secretaria pasaron el examen previo a la obtención de la ciudadanía americana. El 1° de octubre prestaron juramento, siendo a partir de entonces ciudadanos de los Estados Unidos. La batalla de Inglaterra estaba en su momento álgido y la supervivencia de la civilización corría grave peligro. En general, la situación mundial no era muy halagüeña. Unos meses antes, Francia se había rendido ante los nazis. Un año después, en la misma fecha, 22 de junio, los nazis invadían Rusia, y parecía que Alemania estaba a punto de obtener la victoria. Pero como es bien sabido, los acontecimientos cambiaron pronto de giro.

Finalmente, la guerra en Europa se resuelve a favor de los aliados. El 6 de junio de 1944, mientras los rusos atacaban en el Este, norteamericanos, ingleses y canadienses atravesaban el Canal de la Mancha en una gigantesca operación anfibia, que permitía crear una cabeza de playa en Normandía y echaba por tierra el sueño de Hitler de conquistar el mundo. En noviembre, los ejércitos alemanes atravesaban graves dificultades y se retiraban rápidamente en ambos frentes. El 16 de diciembre de 1944, los alemanes lanzaron en el Oeste un contraataque por sorpresa, que estuvo a punto de romper las líneas aliadas en las Ardenas. Al tener conocimiento del ataque, Einstein se alarmó muy seriamente, pues todos los datos parecían indicar que los nazis habían perdido la guerra. ¿Qué sentido podría tener que estuvieran dispuestos a perder más vidas lanzando un contraataque que no les serviría de nada?..., alguna razón debían tener.

Einstein concluía que los alemanes habían obtenido lo que él denominaba "la bomba radiactiva", y no les importaba perder algunos hombres más con tal de ganar el tiempo necesario para poder utilizarla. La verdad era que los alemanes no tenían tal bomba y que el ataque había sido ordenado personalmente por Hitler, que quería jugar su última carta.

Al comprobar el fracaso del contraataque nazi y ver que no utilizaban armas nucleares, Einstein pudo llegar a la conclusión de que los nazis no habían conseguido producir la bomba atómica. Pero seguía en pie el peligro de la bomba americana, y cuando se produjo la tragedia de Hiroshima vio confirmados sus temores. Cualquiera que fuese el detentador de la bomba, era una pesada carga para su conciencia, y se sentía obligado a utilizar todo su prestigio para intentar salvar a la humanidad de una monstruosa amenaza.

Siempre que podía, y las ocasiones eran muchas, dado el interés que provocaba su persona, ponía en guardia a la gente ante el peligro que acechaba y defendía con entusiasmo la causa del gobierno mundial. En 1946, varios científicos de primera línea se unieron para formar un Comité de Emergencia de Científicos Atómicos, y pidieron a Einstein que aceptara la presidencia, lo que él hizo de inmediato. Querían ganarse la atención del público y de los políticos más influyentes, y necesitaban fondos para realizar la enorme tarea educativa de convencer a la población de algunas verdades elementales, por ejemplo de que los Estados Unidos no tenían el monopolio inviolable del "secreto" de la fabricación de la bomba, de que era imposible evitar que otras naciones lo descubrieran por su cuenta, y de que había quedado desfasada la estructura política del mundo. El nombre de Einstein era una garantía incomparable para obtener fondos y para conseguir el interés de la opinión pública.

Se entregó sin reservas a numerosas actividades, e insistió con vehemencia en la creación de una fuerza militar supranacional que permitiera conservar la paz entre las naciones. Para muchos, esta idea era una empresa desesperada. Se había propuesto en momentos de menor peligro sin ningún resultado. ¿Qué posibilidades había de que fuera aceptada en aquel momento a pesar de la amenaza de extinción que pesaba sobre la humanidad? Sin embargo, para Einstein, la única esperanza de la especie humana estaba en la instauración de esa autoridad mundial.

Al margen de sus apasionados esfuerzos por hacer ver el peligro que significaba la desunión del mundo, había fantasmas que se negaban a desaparecer. Einstein, que había predicado ardientemente la reconciliación después de la Primera Guerra Mundial, que había criticado a los que, en uno u otro bando, se aferraban a sus viejos rencores, nunca perdonó a los nazis sus atrocidades en contra de los judíos. Ya en 1933, en el momento de renunciar a su puesto en la Academia de Prusia, que había formulado falsas acusaciones contra él, escribió a Planck: *En todos estos años he defendido siempre el prestigio de Alemania y nunca me he dejado llevar por la indignación ante los sistemáticos ataques a que me ha sometido la prensa, sobre todo en estos últimos años en que nadie ha salido en mi defensa. Sin embargo, ahora – la carta es de 1933 – la guerra de aniquilación en contra de mis hermanos judíos me obliga a recurrir a toda la influencia que pueda tener ante la opinión pública mundial.*

Y cuando en 1946, tras la derrota de Alemania nazi, fue invitado a ingresar de nuevo en la Academia de Baviera; rechazó la propuesta diciendo: *Los alemanes han exterminado a mis hermanos judíos; no quiero saber nada de los alemanes.* En 1949, cuando le solicitaron que reanudara sus relaciones con el Instituto Kaiser Wilhelm, rebautizado con el nombre de *Instituto Planck,* justificó su negativa con estas palabras: *El crimen de Alemania es el más abominable de cuantos recuerda la historia de las naciones "civilizadas". La conducta de los intelectuales alemanes, en conjunto, no ha sido mejor que la del populacho. Incluso ahora no se ve ninguna señal de que lamenten o deseen reparar, en la medida de lo posible, sus enormes crímenes.*

En estas circunstancias, siento una aversión incontenible a participar en algo relacionado con la vida pública de Alemania.

En 1951, tras rechazar con firmeza muchas otras invitaciones, se negó incluso a ingresar en una organización pacifista alemana, diciendo: *Tras el genocidio del pueblo judío, protagonizado por los alemanes, es evidente que todo judío que se respete tiene que rechazar cualquier vinculación con una institución alemana...* y se mantuvo en esta postura hasta el final de sus días.

Sin embargo, a pesar de sentirse atormentado por el pasado —y por el futuro atómico—, seguía disfrutando de la vida y gozando de la paz interior que necesitaba para seguir intentando crear una teoría del campo unificado. Ya hemos descrito algunos de sus intentos. Dejando de lado otros realizados con posterioridad, nos detendremos en una teoría que expuso en un artículo publicado en 1945. Dicha teoría recibió diversos retoques y ocupó su atención el resto de su vida. Tenía mucha relación con la de 1925, en la que hablaba de un grupo asimétrico que contenía dieciséis cantidades, diez de cuyas combinaciones servían para la gravitación y seis para el electromagnetismo. Para Einstein había algo de profético en sus palabras de 1925: *Creo que ahora he dado con una solución verdadera.*

No es posible explicar esta teoría final en términos asequibles. No es posible echar mano de imágenes; tiene un profundo contenido matemático. A lo largo de los años, solo o con ayudantes, Einstein fue venciendo una dificultad tras otra, para encontrar siempre otras nuevas. Varios investigadores, Infeld entre ellos, demostraron que las ecuaciones del campo conducían a leyes del movimiento claramente inexactas: las partículas cargadas de electricidad se moverían como si no tuvieran carga alguna. A pesar de esto, Einstein no perdió la fe en su teoría, pues la ecuaciones del campo no habían adquirido necesariamente su forma definitiva. Además, desde hacía tiempo, Einstein venía buscando una unidad más profunda: una unidad del campo y de la materia. Hasta entonces, ambas entidades habían pertenecido a especies radicalmente diferentes. En la teoría general de la relatividad, las ecuaciones del campo puro se veían adulteradas en los lugares ocupados por la materia. Como señaló Einstein, no parecía que fuera posible conservar la teoría general de la relatividad sin el concepto del campo; la materia no debería figurar como un intruso, sino como aliada leal del campo mismo. Podría decirse que quería sacar la materia nada menos que de las circunvoluciones del espacio-tiempo. En su nueva teoría buscaba ecuaciones de campo puras que siguieran siendo puras incluso en los lugares donde hay materia, y esperaba que ésta se manifestara entonces como una especie de protuberancia del campo. Esperaba también que, insistiendo en las soluciones de las ecuaciones de campo puras –el término técnico es *soluciones exentas de singularidades*–, aparecían restricciones automáticas que corresponderían a la existencia de átomos y quanta. Para la mayoría de los físicos sólo había una remota posibilidad. En la práctica, las dificultades matemáticas eran abrumadoras. Supongamos que Einstein hubiera logrado encontrar ecuaciones de campo adecuadas, ¿qué haría para encontrar las deseadas ecuaciones exentas de singularidades? Sabía que no había ningún método práctico reconocido. Sin embargo seguía luchando, afirmando con desesperación "¡necesito más matemáticas!"

En 1948, murió en Zurich, su primera mujer, Mileva, rompiendo así otro vínculo con el pasado. La salud del propio Einstein se había deteriorado gravemente, y a finales del año tuvo que someterse a una operación abdominal.

Aunque pasó un periodo de convalecencia en Florida, Einstein seguía sin reponerse del todo. Sin embargo, en cuanto pudo regresó a Princeton, en parte para estar con su hermana Maja, quien había ido a visitarlo en 1939, pero al estallar la guerra decidió quedarse. En mayo de 1946, Maja sufrió un ataque que le provocó una parálisis progresiva. A pesar de su delicado estado de salud, vivió hasta junio de

1951. Poco después de la muerte de su hermana, Einstein escribió a uno de sus primos: *Durante estos años dedicaba todas las tardes un rato a leerle las mejores obras literarias, clásicas y actuales. A pesar de su enfermedad progresiva y de que al final casi no podía hablar, su inteligencia no sufrió merma. Ahora la echo de menos más de lo que nadie podría imaginar. Me queda el consuelo de que se han acabado sus sufrimientos.*

Las lecturas a su hermana moribunda eran un triste eco de los alegres tiempos de la Academia Olympia, donde ambos se leían también las grandes obras.

Los años no pasaban en balde, y ese mismo año 1951, pero el 6 de enero, Einstein había escrito a la reina madre de Bélgica: *Aunque es algo que me gustaría mucho, es probable que no tenga ya oportunidad de volver a Bruselas. Con la extraña popularidad que he adquirido es probable que todo lo que haga se convierta en una comedia ridícula. Esto quiere decir que tengo que quedarme cerca de la casa y no salir casi de Princeton. Ya no sigo con el violín, al pasar los años cada vez me resultaba más insoportable escuchar mis propias interpretaciones. Espero que a usted no le haya ocurrido algo parecido. Lo que no he abandonado es mi incansable trabajo con complicados problemas científicos. La magia fascinante de este trabajo me acompañará hasta el último suspiro.*

El 6 de junio de 1952, un año y medio más tarde, escribió a su primo: *Mi trabajo no significa ya gran cosa. Ya no obtengo demasiados resultados y tengo que conformarme con representar el papel de Estadista Anciano y de Santo Judío, sobre todo esto último.* Y menos de medio año después, a la muerte de Chaim Weizmann, Einstein recibió la petición de sucederle en el cargo de Presidente del Estado de Israel. Él se sintió profundamente conmovido, pero declinó la oferta amablemente, diciendo que carecía de la preparación y experiencia necesarias, y añadió: *Lo siento todavía más, porque, desde que tomé conciencia de nuestra precaria situación entre las naciones del mundo, mi relación con el pueblo judío ha pasado a ser mi vínculo humano más fuerte.*

En 1954 escribía a la reina madre de Bélgica: *Me he convertido en un "enfant terrible" en mi nueva patria. La culpa la tiene mi incapacidad de guardar silencio y de tragarme todo lo que pasa aquí.*

En parte se estaba refiriendo a la campaña del senador Joseph McCarthy, quien durante cierto tiempo se dedicó a calificar a muchas personas como subversivas, a truncar sus carreras y, con sus amenazas demagógicas ante el "peligro comunista", a reducir a la inactividad a valerosos dirigentes políticos. A pesar de esta atmósfera represiva, Einstein habló valientemente contra la amenaza a la libertad intelectual. Algunos americanos lo atacaron por su participación en movimientos populares. Cuando Infeld, que no había participado en la creación de la bomba, aceptó una cátedra importante en su Polonia natal, la prensa puso el grito en el cielo, diciendo que Infeld podía pasar los secretos atómicos a los comunistas, y algunas mentes retorcidas utilizaron también esto en contra de Einstein.

En 1965-1967, los rusos publicaron las obras completas de Einstein, en cuatro volúmenes. Era la única publicación de tales características y representaba un homenaje al científico. Pero en los primeros momentos, los dirigentes soviéticos no habían sabido qué postura adoptar ante la teoría de la relatividad. En 1952, un académico soviético atacó, a Einstein por considerar esta teoría como contraria al materialismo dialéctico, base filosófica del marxismo, y criticó a algunos científicos rusos que la habían defendido. Cuando recibió una carta en la que le informaban de lo ocurrido, Einstein contestó alegremente, diciendo que la noticia le había levantado el ánimo. Sin embargo, preocupado desde siempre por la libertad de pensamiento y de expresión en Rusia, escribió luego el siguiente aforismo que se publicó en 1953: *En el reino de los buscadores de la verdad no hay ninguna autoridad humana. Quien intenta erigirse en magistrado provoca la risa de los dioses.*

En plena época de McCarthy, un profesor que había tenido problemas con la "Comisión Parlamentaria de Actividades Antiamericanas", pidió ayuda a Einstein. El 6 de mayo de 1953, a pesar de su enfermedad, Einstein le escribió estas palabras: *El problema con que se encuentran los intelectuales de este país es muy grave. Los políticos reaccionarios han conseguido que el público mire con suspicacia todos los esfuerzos intelectuales. Para ello les ponen continuamente ante los ojos el fantasma de un peligro exterior. Hasta ahora han conseguido lo que se proponían, y ahora van a suprimir la libertad de enseñanza y a separar de sus puestos a todos los que no estén dispuestos a someterse, con lo cual los condenarían a morir de hambre.*

¿Qué debe hacer la minoría de los intelectuales para enfrentarse a este mal? Francamente, el único camino que veo es la actitud revolucionaria de no cooperación, tal como la entendió Gandhi. Cuando uno de los comités llame a un intelectual, éste debería negarse a testificar, es decir, debe estar preparado para ir a la cárcel y sufrir la ruina económica; sacrificar su bienestar personal para defender la cultura de su país.

Esta negativa a testificar debe estar basada en la convicción de que es vergonzoso que un ciudadano irreprochable se someta a semejante inquisición y de que una institución de esta naturaleza vaya en contra del espíritu de la Constitución.

Si el número de personas dispuestas a tomar esta grave decisión es elevado, lograrán su objetivo. En caso contrario, los intelectuales de este país sólo se merecen la esclavitud que quieren imponerles.

En aquellos días era peligroso hasta recibir una carta personal en estos términos. Pero Einstein añadió una posdata que decía: *Esta carta no debe considerarse como "confidencial"*. De esta manera, la convirtió en un manifiesto público que tuvo resonancia en el mundo entero.

De lo que era y de quien era tenemos ya una ligera idea. Es cierto que los triunfos de la moderna mecánica superan con mucho en número y precisión a los de la teoría general de la relatividad; pero, aunque la mecánica cuántica fue producto de muchas mentes, la colaboración del propio Einstein en su desarrollo fue trascendental. Además, la teoría especial de la relatividad desempeña un papel sobresaliente en la actual investigación cuántica. Y en lo que a la monumental teoría general de la relatividad se refiere fue, en gran parte, creación de un solo hombre, y figura por tanto entre los mayores logros científicos de todos los tiempos. No sabemos lo que nos deparará el futuro, pero la teoría einsteniana de la relatividad no tiene nada qué temer. Aunque todas las teorías son mortales, las principales, como todas las obras de arte maestras, conservan para siempre su grandeza.

Al hablar de esta teoría, en sus *Notas autobiográficas* Einstein habla directamente a Newton: *Y basta ya de todo esto, Newton, perdóname. Tú encontraste el único camino posible, en tu tiempo, para un hombre dotado de una increíble capacidad intelectual y creativa. Los conceptos que tú creaste siguen dominando nuestra manera de pensar, aunque ahora sabemos que debemos sustituirlos por otros más alejados de la esfera de la experiencia inmediata. Es la única forma de llegar a una comprensión más profunda de la forma en que se interrelacionan las cosas.*

¿Cómo era el hombre que hablaba así con Newton a través de los años? Era un hombre humilde y profundamente sencillo que conservaba la curiosidad y la capacidad de asombro de un niño. Su sentido de lo misterioso y de lo trágico se manifiesta en estas palabras, dirigidas en 1939 a la reina madre de Bélgica: *Doy gracias al destino por haber hecho de mi vida una experiencia apasionante, por haber hecho que mi vida parezca digna de sentido.*

Por otro lado, Einstein era un espíritu rebelde que disfrutaba rompiendo los convencionalismos. Siempre que podía, se vestía pensando en la comodidad, no en la apariencia. Lo externo representaba muy poco para él, pareciera que era fuente de molestias y complicaciones; él estaba hecho para la sencillez. Su gran pasión era la ciencia y su pequeña pasión era la música. Su hermana cuenta que cuando tocaba el violín había veces que se detenía de pronto y exclamaba: "¡Ya lo tengo!"..., refiriéndose, claro está, a un problema científico. Su violín, como su ciencia, lo acompañaba a todas partes. En una ocasión, al revolver el té, comprobó que las hojas de la infusión se acumulaban en el centro y no en la circunferencia del fondo de la taza. Descubrió la explicación de aquel fenómeno y lo relacionó con otro que, en apariencia, nada tenía que ver: los meandros de los ríos. Paseando sobre la arena, observó lo que todos hemos tenido ocasión de comprobar sin detenernos a pensar en ello: que la arena húmeda es dura, mientras que la arena seca, y la que está dentro del agua es blanda. También encontró explicación científica de este hecho.

En la música buscaba lo mismo que en la ciencia: la belleza sencilla y natural por encima de todo. Su ideal era Mozart. Cuando alguien intentaba convencerlo de que Beethoven era más grande como compositor, lo negaba rotundamente. Decía que Beethoven creaba su música, pero que la música de Mozart era tan pura que parecía estar desde siempre en el universo, esperando que alguien la descubriera. En una ocasión, pensando en los desastres que produciría la guerra atómica, Einstein dijo que la humanidad no oiría ya más a Mozart. En un primer momento, la observación puede parecernos de una sorprendente superficialidad. Sin embargo, es una manera patética (y poética) de expresar la destrucción de la civilización.

Son muchas las anécdotas que se cuentan de él y que reflejan su aspecto humano. Un colaborador suyo, Straus, cuenta que su gato se ponía muy triste cuando llovía y que Einstein le decía en tono de disculpa: *Sé qué es lo que te molesta, amigo mío, pero no sé cómo evitarlo.* Cuando la gata de los Straus tuvo gatitos, Einstein dijo que tenía mucho interés en verlos; así lo narra el propio Straus: *Einstein vino a casa con nosotros, desviándose de lo que era su recorrido habitual. Se quedó consternado al ver que nuestros vecinos eran todos personas que trabajaban en el Instituto. Comentó "vayamos más rápido, aquí hay muchísimas personas que me han invitado a sus casas y les he tenido que decir que no. Espero que no se enteren de que he venido a ver a tus gatitos.*

A pesar de su sencillez, le producía gran satisfacción no sólo progresar en su trabajo, sino conseguir el reconocimiento de los científicos. A la Royal Astronomical Society, de Londres, que le concedió una medalla de oro en 1925, escribió estas palabras: *El que encuentra una idea que nos permita penetrar algo más a fondo en el eterno misterio de la naturaleza ha obtenido una enorme gracia. El que, además, recibe el reconocimiento, la simpatía y la ayuda de las mentes más preclaras de su tiempo, recibe una felicidad que casi supera a la capacidad humana.*

Nos dejó otras pistas para llegar a su intimidad, pero sólo podemos interpretarlas a la luz de nuestras propias experiencias, no de las suyas. Por ejemplo, en una ocasión escribió: *La experiencia más bella que podemos tener es el misterio. Es la emoción fundamental que está en la base del verdadero arte y de la verdadera ciencia.* Aun en el caso de que hayamos conocido el éxtasis de la creación artística o de la mística religiosa, sólo podemos conocer en forma indirecta lo que sintió el propio Einstein. Atrás de sus palabras hay una experiencia trascendental que es únicamente suya. En el fondo él era un artista que utilizaba la ciencia como medio de expresión. Muchas veces, cuando le venía una idea, trabajaba en ella hasta el límite de sus fuerzas. Si la idea se mostraba recalcitrante, volvía sobre ella una y otra vez, año tras año, con increíble persistencia. Recriminaba a quienes pensaban que aquel trabajo intelectual era pura alegría incontaminada: *Los que han conocido esto, no se han lanzado como locos en su busca.*

Es cierto que sentía alegría, un gozo intenso, pero se ajustaba perfectamente al trabajo práctico. En 1950 respondió a una señora que le había enviado un poema en su cumpleaños sesenta y uno: *Me invade una sensación de malestar siempre que se acerca mi inevitable cumpleaños. La esfinge se pasa el año mirándome fijamente y recordándome dolorosamente la existencia de lo incomprendido, borrando los aspectos personales de mi existencia. Entonces llega ese día nefasto en el que el cariño que me demuestran mis amigos me reduce a un estado de desesperación e impotencia. La esfinge no me deja libre ni un momento, y no puedo evitar mis remordimientos de conciencia por ser incapaz de hacer justicia a todo este cariño, pues no tengo descanso ni libertad interior.*

En otra ocasión utilizó una metáfora distinta. En 1945, al agradecer a Hermann Broch que le hubiera enviado una copia de su libro *La muerte de Virgilio,* Einstein se expresaba en términos más relacionados con *Fausto: Estoy fascinado con su Virgilio, y al mismo tiempo me resisto a él con todas mis fuerzas. El libro me demuestra claramente lo que perdí cuando me vendí en cuerpo y alma a la ciencia, la huida del YO y el NOSOTROS hacia el ELLO.*

Intentó describir su forma de pensar diciendo que en su mayor parte, ésta consistía en un juego "más bien vago" y alógico con signos "visuales" y "musculares", después del cual había que "buscar laboriosamente" los términos explicativos.

En una carta a Solovine, fechada en marzo de 1949, Einstein dice: *Te imaginas que al volver la vista sobre lo que he hecho en mi vida lo hago con calma y satisfacción. Pero, vistas de cerca, las cosas son muy distintas. No hay un sólo concepto del que tenga la seguridad de que se mantendrá firme, y no estoy seguro de ir, en general, por buen camino.*

No había en esto falsa modestia, Einstein sabía que su obra era importante. Pero también conocía la fragilidad de todas sus teorías; ¿quién podría saberlo mejor que él, que había derribado los cimientos del poderoso edificio conceptual de Newton?... Nos vienen a la mente las palabras del propio Newton: *No sé qué imagen tendré ante los ojos del mundo, pero ante mí mismo parece ser que no he sido más que un muchacho que jugaba en la playa y se divertía encontrando de vez en cuando un guijarro más liso o una concha más bonita que las demás. Mientras, el gran océano de la verdad se abría, desconocido, ante mí.*

A finales de 1954, Einstein estuvo débil y enfermo. Sabía que no le quedaban muchos años de vida, y más de una vez habló de la muerte como de una liberación, como en esta carta de febrero de 1955: *He llegado a ver en la muerte una antigua deuda, que por fin voy a pagar.* Sin embargo, antes de morir tendría que experimentar un nuevo sufrimiento. En marzo de 1955 murió su amigo Michele Besso, y el 21 de marzo escribió al hijo y a la hermana de Besso: *La base de nuestra amistad radica en nuestros años de estudiantes en Zurich, donde nos veíamos con frecuencia en las veladas musicales. Más tarde nos unió la oficina de patentes. Las conversaciones que manteníamos al volver a casa fueron inolvidables... Y ahora me ha precedido brevemente al decir adiós a este extraño mundo. Esto no significa nada. Para los físicos creyentes, la distinción entre pasado, presente y futuro no es más que una ilusión, a pesar de su persistencia.*

Besso se le adelantó por muy poco. Sólo unas semanas después se despediría para siempre el propio Einstein. Pero, mientras tanto, tenía cosas importantes qué hacer. Alarmado por la carrera de armamentos, Bertrand Russel estaba preparando una declaración que esperaba sería firmada por un grupo selecto de intelectuales de todo el mundo. Era una advertencia del peligro que amenazaba a la humanidad. Se dirigió a Einstein solicitando su ayuda, que éste le prestó encantado. El 2 de marzo de 1955, Einstein le escribió a Bohr para hablarle del proyecto en una carta que empezaba con estas palabras reveladoras: *¡No pongas esa cara! Esta carta no tiene que ver con nuestra vieja controversia; voy a hablar de un tema en el que estamos completamente de acuerdo.* Después de tratar extensamente el asunto, termina diciendo: *En América las cosas se complican por la probabilidad de que los científicos de más renombre, que ocupan puestos oficiales de más influencia, no estén demasiado dispuestos a comprometerse en tal aventura. Mi* *propia participación puede tener cierta influencia favorable en el extranjero, pero no aquí, donde se me tiene por la oveja negra (y no sólo en cuestiones científicas).*

La larga declaración Russel-Einstein, publicada tras la muerte del último, preguntaba abiertamente: *¿Vamos a acabar con la raza humana; o, por el contrario, la humanidad va a renunciar a la guerra?* El manifiesto llevaba once firmas; la de Bohr no figuraba. Él y otros, quizá con más realismo que Russel y Einstein, lo consideraron como un gesto inútil. Sin embargo, en los días que le quedaban de vida, Einstein no pudo permanecer en silencio. Y, como consecuencia del manifiesto, se organizaron varias reuniones y conferencias internacionales que influyeron en cierta forma en los intentos de controlar la proliferación de las armas atómicas.

La firma del manifiesto fue el último acto público realizado por Einstein. Cuando sólo quedaba un mes para el séptimo aniversario de la fundación del Estado de Israel le solicitaron que preparara una declaración científica y cultural que emitiría en Tel Aviv en el marco de los actos oficiales. Einstein prefirió dirigirse a la opinión pública mundial y exponer el problema de las relaciones entre los árabes e israelíes en el contexto más amplio de la paz mundial. El 2 de abril de 1955, y de nuevo el 13 de abril, a pesar de no encontrarse bien, habló con representantes de Israel. El mismo día 13 lo asaltaron fuertes dolores abdominales y otros síntomas alarmantes. El viernes 15 de abril su estado era tan grave que fue trasladado al hospital de Princeton. Sabía que estaba a punto de morir. A un colaborador íntimo le dijo en tono de reproche amistoso: *No estés tan triste; todos tenemos que morir.* Preguntó si la agonía iba a ser muy dolorosa, pero los doctores no pudieron hacer un pronóstico concreto. Gracias al tratamiento que se le aplicó en el hospital, remitieron los dolores. El sábado pidió sus gafas y el domingo dijo que le llevaran sus cálculos y las notas que había preparado para la declaración sobre Israel. Su hija Margot, que también había ingresado en el hospital, fue a visitarlo, y al principio no lo reconoció de tan desfigurado que estaba por el dolor y la palidez. El hijo mayor había venido desde California para acompañarlo en aquella hora difícil. También estuvo con él en sus últimos días y horas su viejo amigo y fiel consejero, el comunista Otto Nathan.

Dos años antes, Einstein había escrito a la reina madre de Bélgica: *Es curioso, pero cuando nos vamos haciendo viejos vamos perdiendo la íntima identificación con el aquí y el ahora; nos sentimos trasladados al infinito más o menos solitarios, sin esperanza ni miedo, como meros observadores.* Nueve meses más tarde, con palabras que recuerdan las convicciones de uno de los pensadores que hablaron del átomo, el poeta romano Lucrecio, Einstein había escrito: *Es muy frecuente que los hombres piensen con terror en la muerte. Es uno de los medios de que se sirve la naturaleza para conservar la vida de la especie. Desde un punto de vista racional, este terror no tiene ninguna justificación, pues quien haya muerto o no haya nacido todavía no puede padecer ningún accidente. En pocas palabras, es un terror estúpido, pero inevitable.*

Cuando llegó la hora, hizo frente a la muerte sin temor y hasta con buen humor. Se mantuvo sereno, con el espíritu tranquilo, dispuesto para la última gran aventura. Siguió hablando con calma y con su habitual humor de asuntos personales y científicos y, con cierta tristeza, de América y de las escasas esperanzas de conservar la paz en el mundo. Así pasó sus últimas horas de vigilia. La tarde del domingo se quedó dormido, y ya no despertó.

Esta obra se terminó de imprimir en
Programas Educativos, S.A. de C.V.
Calzada Chabacano 65- A Col. Asturias
C.P. 06850, Méx. D.F.

Empresa Certificada por el Instituto Mexicano
De Normalización y Certificación A.C., bajo las
Normas ISO-9002: 1994/NMX-CC-004: 1995
con el núm. de registro RSC-048 e
ISO-14001-1996/NMX-SAA-001: 1998 IMNC
Con el núm. de Registro RSAA-003